누가복음 새 큐티

나만의 성경책 3

하나님의 관점으로 성경 묵상하기

누가복음 새 큐티

초판 1쇄 인쇄 2022년 5월 20일
초판 1쇄 발행 2022년 5월 31일

지 은 이 | 김완섭
펴 낸 이 | 오복희

펴 낸 곳 | 도서출판 개혁과회복
등록번호 | 제2018-000044호
등록일자 | 2018년 4월 12일
주　　소 | 서울특별시 송파구 마천로 100 C동 402호(오금동)
편 집 부 | 010-6214-1361
관 리 부 | 010-8339-1192
팩　　스 | 02-3402-1112
이 메 일 | whdkfk9312@naver.com
연 구 소 | Daum 카페(기독교신앙회복연구소)
디 자 인 | 참디자인

ISBN 979-11-89787-34-9 (04230)
979-11-963786-7-7 (세트)

* 한 권 값 12,000원

* 잘못된 책은 교환하여 드립니다.

하나님의 관점으로 성경 묵상하기

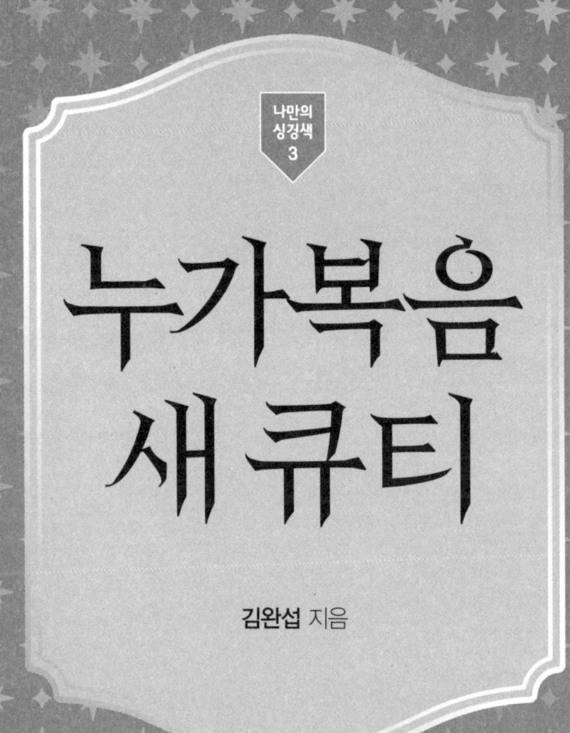

누가복음 새큐티

김완섭 지음

도서출판
개혁과회복

머리말

하나님은 사람에게 말씀을 주셨습니다. 그런데 똑같은 말씀을 받아도 지식으로 받을 수도 있고 책에 있는 글로 받을 수도 있으며 하나님의 음성으로 받을 수도 있습니다. 또 하나님의 음성으로 받는다고 해도 그 말씀 중에 자기에게 유리한 말씀만을 받을 수도 있고 별로 듣고 싶지 않은 말씀까지 받을 수도 있습니다. 이 책은 바로 여기에서 출발합니다. 자신에게 유리하거나 즐거운 말씀만 아니라 오히려 불편한 말씀, 아무 관계없을 듯한 말씀, 징계하는 말씀까지 전부 내 귀에 말씀하시는 하나님의 음성으로 받자는 것입니다.

성경을 읽는 방법으로 대표적인 방법 두 가지가 있습니다. 성경통독과 말씀묵상인데, 성경통독은 산 전체를 보게 하고 말씀묵상은 나무 한 그루 한 그루를 보게 합니다. 다만 하나님의 말씀인 성경으로부터 더욱 효과적으로 하나님의 음성을 들을 수 있는 제3의 방법이 있는데, 그것은 성경반복읽기입니다. 앞서 이야기한 대로 통독이 산 전체를 보게 하고 묵상이 나무를 보게 한다면 성경반복읽기는 숲을 보게 한다고 할 수 있습니다.

통독을 통하여 성경의 전체 모습을 알고 묵상을 통하여 나무 한 그루 한 그루를 보게 한다면, 어쩌면 산속에서 방향을 잃을 수도 있습니다. 나무만 보기 때문입니다. 하지만 여러 가지 숲의 구조를 알게 되면 정확한 위치를 파악할 수 있고 어느 한 부분에만 몰입되는 것을 막을 수 있으며 내가 관심 있는 나무뿐 아니라 전체 모습을 정확하게 알 수 있게 되는 것입니다. 그렇게 되면 비로소 아무 걸림이 없이 하나님(의 말씀)과 대면할 수 있게 되는 것입니다.

물론 반복읽기 자체가 성도를 완벽하게 만들어주는 것은 아닙니다. 다만 가장 효과적으로 하나님과의 친밀한 관계를 만들 수 있는 기본훈련이 가능해지는 것입니다. 필요한 성경을 한 가지 택하여 여러 번 반복하여 읽으면서 은혜가 되는 구절과 도전의 내용을 메모해 두었다가 틈틈이 정리하면 그것은 훌륭한 '나만의 성경책'이 되는 것입니다. 이 '나만의 성경책'은 사람들마다 전부 다를 것입니다. 각자 가지고 있는 믿음과 처해 있는 환경이 전부 다르기 때문입니다.

이 책은 사복음서를 일곱 번 반복읽기 한 내용들로 구성되어 있습니다. 특별히 4주 동안 매스컴, 인터넷, SNS 등 모든 세상 소식을 끊어버린 채 하루 3~4시간씩 복음서를 읽고 1~2시간 동안 정리한 내용들입니다. 물론 누구나 이런 식으로 시간을 낼 수 있는 것은 아닙니다. 그러나 생활 속에서도 하루에 일정한 시간을 따로 떼어 이런 성경반복읽기를 행해본다면 이전까지와는 전혀 다른 은혜를 맛볼 수 있을 것입니다. 말씀이 살아서 움직이는 것을 느낄 수 있을 것입니다. 일곱 번 이상 반복해서 읽으면 더욱 완전한 말씀섭취가 가능해지리라 생각합니다.

특히 이 책은『나만의 성경책』시리즈의 세 번째 책으로 기획되었습니다. 1권과 2권인『나만의 마태복음』과『나만의 마가복음』은 이미 출간되었고, 제3권인 누가복음부터는 '새 큐티'라는 제목을 붙였습니다. 그래서 이번 책 제목은『누가복음 새 큐티』가 되었습니다. 제가 묵상한 내용을 소개하면서 다함께 생각해볼 수 있는 다섯 가지 질문들을 덧붙였기 때문입니다. 앞으로 나머지 시리즈는 전부 '새 큐티'라는 제목을 붙일 것입니다.

무엇이 '새 큐티'이겠습니까? 물론 '성경반복읽기를 통한 묵상'이기 때문입니다. 큐티 또는 묵상이라고 불리어지는 방법 중에 가장 탁월한 방법이 바로 반복읽기를 통한 묵상이라는 사실을 알고 그렇게 한 것입니다. 왜 이것이 탁월한가는 이미 앞에서 언급한 바가 있습니다만, 성경을 일곱 번 이상 반복읽기를 하면 자신이 원하거나 은혜가 되는 말씀뿐 아니라 기대하지 못했던 깨달음까지 하나님께서 주시기 때문입니다. 반복해서 읽을수록 전혀 예상치 못한 말씀을 깨닫게 해 주십니다. 사실 이것이 바로 큐티를 하는 이유가 아니겠습니까?

성경반복읽기와 새 큐티를 함께 진행하면 말씀 속에 숨어있던 하나님의 마음을 느낄 수 있게 됩니다. 다른 큐티 교재로 묵상하는 것도 좋은 방법이겠지만, 이 책에서 권장하듯이 성경 한 가지를 선택해서 매일 일정한 분량을 읽으면서 받은 은혜를 메모하는 식으로 반복읽기를 해 나간다면 최상의 큐티가 될 수 있을 것입니다. 그것을 여러 번 반복한다면 하나님께서 주실 거의 모든 진리를 깨닫게 될 것입니다. 그것을 극대화하기 위해 바로 이 책이 필요해지는 것입니다.

이 책의 내용은 물론 저자가 반복읽기를 통해 받은 저자만의 깨달음입니다만, 스스로 행하는 큐티를 성장시키고 하나님과 더욱 친밀해지기 위해 이 책을 사용하여 묵상을 해나간다면 하나님의 말씀에 대한 시각이 완전히 달라질 수 있을 것이고 자신이 스스로 성장하는 모습이 눈에 보이게 될 것입니다.

그리스도인들과 교회가 세상의 비판을 받는 가장 큰 이유가 바로 하나님의 말씀이 왜곡되거나 충분하지 못하기 때문이라고 본다면 이 책은 충분하고 완전하며 본질적인 말씀의 깊이를 찾아들어가게 함으로써 참된 신앙인으로 세울 수 있는 아주 중요한 방편이 될 수 있을 것입니다. 아무쪼록 이 책이 성경을 대하는 방법과 마음가짐까지 개선하여 말씀의 본질과 생명력까지 회복하는 충분한 수단이 되기를 간절히 소원합니다.

차례

누가와 누가복음

누가의 일생

성경에 누가에 대한 직접적인 언급은 세 군데 나온다. 세 군데 모두 사도 바울과 함께 있는 것으로 나타난다.

"사랑을 받는 의사 누가와 또 데마가 너희에게 문안하느니라"(골 4:14)
"또한 나의 동역자 마가, 아리스다고, 데마, 누가가 문안하느니라"(몬 1:24)
"누가만 나와 함께 있느니라 네가 올 때에 마가를 데리고 오라 그가 나의 일에 유익하니라"(딤후 4:11)

누가는 바울의 동역자일뿐 아니라 의사로서 바울의 건강을 지키고 있었던 것 같다. 그와 동시에 누가가 바울의 2차 전도여행 때 동행하였다.

"우리가 드로아에서 배로 떠나 사모드라게로 직행하여 이튿날 네압볼

리로 가고"(행 16:11)

또한 3차 전도여행의 중간인 빌립보에서 다시 동행하여 예루살렘까지 함께 바울을 돌보게 된다.

"우리는 무교절 후에 빌립보에서 배로 떠나 닷새 만에 드로아에 있는 그들에게 가서 이레를 머무니라"(행 20:6)

그 이후로 누가는 바울이 예루살렘에서 체포되어 가이사랴 감옥에 갇혀 있는 동안에도 늘 바울과 함께 했다.

"예루살렘에 이르니 형제들이 우리를 기꺼이 영접하거늘 그 이튿날 바울이 우리와 함께 야고보에게로 들어가니 장로들도 다 있더라"(행 21:17-18)

바울이 로마의 감옥에 갇혀 있을 때 함께 동행한 것으로 나타나기도 한다. 그리고 로마에서도 함께 한다.

"우리가 로마에 들어가니 바울에게는 자기를 지키는 한 군인과 함께 따로 있게 허락하더라"(행 28:16)

이러한 기본적인 행적들은 사도행전에 나타난 '우리'라는 표현에서 미루어 짐작할 수 있는 것이다. 누가는 헬라인으로서 사도 바울을 만나서 회심하고 계속하여 바울의 주치의 겸 동역자로서, 그리고 나중에는 성경 기록자로서 아주 중요한 역할을 하게 된 것이다.

누가의 뜻은 '빛을 주는 자'이다. 여러 가지 자료들에 의하면 아마도 수리아의 안디옥에서 출생했을 것이며, 새롭게 거듭난 이후 안정된 환경을 박차고 바울을 따라 나섰다. 누가는 병약한 몸으로 고독한 감옥 생활을 하는 바울의 곁을 지켜주는 참된 동반자이기도 했다. 결국 누가는 아마도 사도 바울이 사망한 직후에 누가복음과 사도행전을 기록했을 것이다.

바울을 따라 일평생 독신이었을 것이며, 아마 상당한 학문이 있는 사람으로 역사가와 같은 치밀함과 신학적인 통찰력이 있었고, 의술 등을 공부하였으며, 그림에도 소질을 보여서 몇 가지 작품이 있다고 한다. 일부 주장에 의하면 디도가 누가의 형제라고도 하며, 마가가 베드로의 이야기를 중심으로 마가복음을 기록했다면 누가는 사도 바울의 이야기를 중심으로 누가복음을 썼으리라 생각하기도 한다.

한편 누가복음과 사도행전을 데오빌로라는 사람에게 헌정하는데, 그렇기 때문에 누가복음과 사도행전은 분리된 책이 아니라 전편과 후편처럼 한 권의 책이었다고 한다. 그래서 누가복음과 사도행전을 연결하여 성경의 순서를 정하는 것이 더 맞다고 주장하기도 한다.

아무튼 바울의 곁을 끝까지 지키던 누가는 바울 사후 약 20여 년간을 복음사역에 힘을 기울였다고 한다. 분량적으로 신약성경의 4분의 1 이상을 기록한 누가의 공로는 기독교 역사상 지대한 공헌이었다고 생각할 수 있다. 더구나 사도행전이라는 신약의 유일한 역사서를 기록함으로써 복음이 전 세계로 퍼져 나가는 과정과 초대교회의 적나라한 모습을 보여줄 수 있어 정말 다행이라는 생각이 든다. 물론 그 모든 것은 성령님의 계획과 감동으로 하신 것인 줄 믿는다.

누가복음에 대하여

누가복음과 사도행전이 언제 기록되었느냐에 대해서도 여러 가지 의견이 있다. 그 중에서도 공관복음서의 연관성을 생각할 때에 마가복음이 기록된 이후인 서기 65~70년 정도로 추정된다. 사도 바울이 서기 67년에 사망했고 그 이후에 누가복음을 기록했을 것이라는 추론과도 맞아 떨어진다. 누가복음을 기록한 첫 번째 목적은 로마의 고위 관리 데오빌로에게 보다 상세한 복음을 전달함으로써 그로 하여금 견고한 신앙을 가질 수 있도록 하기 위함이었다. 아울러 기독교 박해시대를 지나면서 기독교가 왜 인류의 종교가 되어야 하는지에 대한 합법성 같은 것을 전달하려고 했을 것이다.

더 나아가서 누가복음에는 가난과 부, 소외된 계층들에 초점을 맞춘 경우가 많은 것으로 보아 사회적인 참여를 강조하려고 하였으며, 당시 소외계층인 이방인, 세리, 여인, 사마리아인, 가난한 사람들에 대한 따뜻한 시선을 느낄 수 있다. 그리하여 누가복음을 '죄인의 복음'이라고 부르기도 하는 것이다. 믿지 않는 사람들로부터의 공격을 막고, 모두의 기대와는 달리 예수님의 재림이 늦어지는 것에 대해 재림의 희망을 이야기하였다고 볼 수 있다.

일반적으로 누가복음은 '사람 복음'이라고 하는데, 인간 사이에 오셔서 인간을 도와주시는 분으로서 예수님을 묘사하고 있기 때문이다. 여기에서 공관복음서 안에서 각 복음서의 차이를 설명해보고자 한다. 마태, 마가, 누가는 동일하게 베드로의 신앙고백을 소개하고 있다. 가장 자세한 고백은 마태복음에 기록되어 있다.

> "시몬 베드로가 대답하여 이르되 주는 그리스도시요 살아 계신 하나님의 아들이시니이다"(마 16:16)

그런데 이 신앙고백을 기록하고 나서 그 다음 기사가 흥미롭다. 마태복음에서는 곧바로 베드로의 신앙고백 위에 교회를 세우고 천국열쇠를 주신다는 기록이 나온다.

"또 내가 네게 이르노니 너는 베드로라 내가 이 반석 위에 내 교회를 세우리니 음부의 권세가 이기지 못하리라 내가 천국 열쇠를 네게 주리니 네가 땅에서 무엇이든지 매면 하늘에서도 매일 것이요 네가 땅에서 무엇이든지 풀면 하늘에서도 풀리리라 하시고"(마 16:18-19)

그 후에 예수님은 예수님의 고난과 죽음과 부활을 말씀하신다. 그런데 이 때 위대한 신앙고백의 주인공 베드로가 나서서 예수님을 말리는 장면이 나온다.

"베드로가 예수를 붙들고 항변하여 이르되 주여 그리 마옵소서 이 일이 결코 주께 미치지 아니하리이다"(마 16:22)

이때 예수님께서는 지나칠 만큼 베드로를 나무라셨다.

"예수께서 돌이키시며 베드로에게 이르시되 사탄아 내 뒤로 물러가라 너는 나를 넘어지게 하는 자로다 네가 하나님의 일을 생각하지 아니하고 도리어 사람의 일을 생각하는도다 하시고"(마 16:23)

그런데 마가복음에서는 베드로에게 천국열쇠를 주신다는 장면이 쏙 빠지고 곧바로 고난과 죽으심과 부활에 대한 이야기가 나온다.

> "또 물으시되 너희는 나를 누구라 하느냐 베드로가 대답하여 이르되 주는 그리스도시니이다 하매 이에 자기의 일을 아무에게도 말하지 말라 경고하시고 인자가 많은 고난을 받고 장로들과 대제사장들과 서기관들에게 버린 바 되어 죽임을 당하고 사흘 만에 살아나야 할 것을 비로소 그들에게 가르치시되"(막 8:29-31)

그리고 마태복음에서와 동일하게 사탄아 물러가라는 말씀을 하신다. 이 때 "너는 나를 넘어지게 하는 자로다."라는 말씀은 빠진다.

> "예수께서 돌이키사 제자들을 보시며 베드로를 꾸짖어 이르시되 사탄아 내 뒤로 물러가라 네가 하나님의 일을 생각하지 아니하고 도리어 사람의 일을 생각하는도다 하시고"(막 8:33)

한편 누가복음에서도 마가복음과 동일하게 이야기하지만 베드로에게 "사탄아 내 뒤로 물러가라!" 하시는 장면이 빠져있다. 그러니까 마태는 베드로의 천국열쇠 이야기와 베드로에게 사탄아 하시는 장면을 모두 기록하였고, 마가는 사탄아 하시는 사건은 기록하지만 천국열쇠 사건은 기록하지 않았고, 누가는 아예 천국열쇠 사건과 사탄아 하시는 장면을 모두 기록하지 않았다는 것이다.

이것은 예수님에 대한 관점의 차이를 보이는 것이다. 그러니까 마태복음은 이스라엘의 계보를 이어서 성취될 예언의 주인공으로서의 왕으로 예수님을 본다. 반면에 마가는 예수 그리스도를 하나님의 종으로서의 기능적인 측면을 강조함으로써 그리스도의 재림에 대한 소망이 희미해져가던 그리스도인들에게 하나님의 약속이 결코 취소되지 않고 반드시 성취될 것을 강조함으로써 용기를 가지고 견디어 나갈 것을 권면하는 것이다. 한편 누가복음에서는 예수 그리스도를 왕이나 하나님의 사자로 보는 것이 아니라 인간 예수님에 초점을 맞추고 있다. 마태와 마가가 어느 정도는 예수님의 신성에 대한 이야기를 풀어나간 것이라면 누가는 예수님의 인성을 강조하여 그리스도인들과의 동일시가 일어나도록 권면하는 것이다. 그렇다고 누가가 예수님의 신성을 부인하는 것은 아니며, 다만 그의 공동체에 더 적합한 이야기를 중심으로 복음을 설명하고 있는 것이다.

이런 관점으로 누가는 특히 유아기의 예수에 관해 자세하게 설명하는데, 즉 가이사의 인구조사, 예수의 부모가 베들레헴에 간 일, 예수님의 탄생, 목자들의 경배, 예수님이 열두 살 때 성전에서 율법학자들과 대화를 나눈 일 등을 기록하고 있다. 그것은 예수님의 메시아 되심은 처음부터 하나님의 섭리였음을 증명하는 것이다. 그리하여 사도행전의 기록이지만 예수님의 승천 기사도 누가만 유일하게 기록하였던 것이다. 누가는 유창한 헬라어를 구사하여 비교적 치밀하게 역사적 순서를 따라 사도행전까지 잘 정리하였으며, 시야를 넓혀 전 세계에 대한 하나님의 계획과 그 안에서의 교회의 위치를 생각하여 기록하였으며, 사도행전은 교회를 그리스도의 죽음과 재림 사이에 쓰이는 하나님의 구속의 도구로 묘사하기도 한다.

"우리 중에 이루어진 사실에 대하여 처음부터 목격자와 말씀의 일꾼 된 자들이 전하여 준 그대로 내력을 저술하려고 붓을 든 사람이 많은지라 그 모든 일을 근원부터 자세히 미루어 살핀 나도 데오빌로 각하에게 차례대로 써 보내는 것이 좋은 줄 알았노니"(눅 1:1-3)

누가는 마태나 마가에 기록되지 않은 많은 이야기들을 소개했는데, 일설에는 예수님의 어머니 마리아에게서 많은 이야기들을 들었을 것이라고 추정하기도 한다. 기도에 관한 유일한 이야기들을 통하여 누가복음은 '기도의 복음'이라고 불리기도 한다.

요한복음
7독 반복읽기를 통하여
말씀의 광산에서 캐낸
107개의 보화

누가복음
새 큐티

1. 의인의 조건

하나님 앞에 의인은 율법적으로 흠이 없고 믿음은 살아있으며 마음은 주를 사랑하는 사람이다.

> (눅 1:5-6) "유대 왕 헤롯 때에 아비야 반열에 제사장 한 사람이 있었으니 이름은 사가랴요 그의 아내는 아론의 자손이니 이름은 엘리사벳이라 이 두 사람이 하나님 앞에 의인이니 주의 모든 계명과 규례대로 흠이 없이 행하더라"

사가랴는 사람들 앞에는 노인이요 힘도 없고 물러갈 때가 이미 많이 지났으며 자식마저도 없었으니 무시당할 만했지만 하나님이 보시기에는 의인이었다. 사람 눈치 보지 말고 하나님이 인정하시는 의인을 바라보고 가야 한다. 그러려면 어려움도 당연히 생기지만 그 길이 그리스도인의 길이다.

자신의 생각이 기준이라고 여긴다면 그 사람은 자신이 하나님 앞에 어떤 사람인지 전혀 모르는 사람일 수 있다. 어떻게 그렇게 확고하고 강하게 비판할 수 있는지 모르겠다. 이름 없이 겸손하게 하나님만 바라보려고 애를 써야겠다.

묵상과 적용

1. 나는 내가 옳다고 생각하는 어떤 주장을 무비판적이고 일방적으로 받아들이고 있지는 않은가?

2. 나는 내가 싫어하거나 잘못되었다고 생각하는 어떤 주장을 무조건적이고 일방적으로 비판하거나 공격하고 있지는 않은가?

3. 나는 거의 소외되고 잊히거나 사소하게 여겨지는 일을 하는 사람들의 존재나 그들의 주장을 무시하거나 멸시하고 있지는 않은가?

4. 내가 내 생각만으로 사람들을 판단하거나 비판하거나 수용하지 말아야 하는 이유는 무엇인가?

5. 나는 하나님의 시각으로 사람들을 바라보려고 노력하고 있는가?

2. 준비란 무엇인가?

세례 요한이 모태에서부터 준비된 것처럼 모든 성도는 하나님의 일에 준비된 자들이다. 다만 깨닫는 자가 준비된 자이다.

(눅 1:15-17) "이는 그가 주 앞에 큰 자가 되며 포도주나 독한 술을 마시지 아니하며 모태로부터 성령의 충만함을 받아 이스라엘 자손을 주 곧 그들의 하나님께로 많이 돌아오게 하겠음이라 그가 또 엘리야의 심령과 능력으로 주 앞에 먼저 와서 아버지의 마음을 자식에게, 거스르는 자를 의인의 슬기에 돌아오게 하고 주를 위하여 세운 백성을 준비하리라"

세례 요한은 하나님께서 미리 예정해 주셔서 그리스도를 예비하는 사람으로 준비시키셨다. 모태로부터 성령의 충만함을 받은 선지자가 있었던가? 그러나 우리 성도는 전부 성령으로 예비된 사람들이다. 하나님께서 하고자 하시는 일에 쓰임 받을 준비를 늘 하고 있어야 하겠다.

하지만 내가 어떤 일에 준비되었는지 어떻게 알 수 있을까? 하나님은 깨닫게 해주심으로써 부르심을 알려주신다. 깨닫게 하시면 책임감을 주신다. 깨달았는데도 자기만의 길을 고집한다면 그는 그리스도인이 아닐 가능성까지 있는 것이다.

묵상과 적용

1. 세례 요한과 비교해볼 때, 나는 과연 어떤 일에 준비된 사람인가?

2. 아직까지 그것이 무엇인지 모르고 있다면 과연 나는 그것을 알기 위해 어떻게 애를 썼는가?

3. 하나님께서 나에게 준비시키신 것을 알고 있다면 나는 어떤 방식으로 확신하게 되었는가?

4. 신앙생활에서 새롭게 깨달은 것이 있을 때 나는 어떤 태도를 취했었나?

5. 세례 요한에게 주시는 하나님의 음성은 혹시 나에게도 동일하게 말씀하신 것이라는 생각을 가진 적은 없었는가? 없었다면 지금 현재 나의 생각은 어떤가?

3. 장애에는 특혜가 있다.

장애물은 하나님의 일에 장애가 되는 것이 아니라 지름길이 될 수 있다. 왜냐하면 더 빨리 깨달을 수 있으니까.

(눅 1:20) "보라 이 일이 되는 날까지 네가 말 못하는 자가 되어 능히 말을 못하리니 이는 네가 내 말을 믿지 아니함이거니와 때가 이르면 내 말이 이루어지리라 하더라"

말을 못하는 것은 질병 때문일 수도 있고 귀신이 들려 그럴 수도 있지만 하나님에 의해 그렇게 될 수도 있다. 어떤 사건 자체보다 그 사건을 보는 시각, 주체가 훨씬 중요하므로 우리에게는 분별이 필요하다. 사건을 통해서 하나님이 이루고자 하시는 일에 초점을 맞추어야 한다.

그런데 장애를 만날 때 피해버리면 곤란하다. 어떻게든 그 현장에서 버텨야 한다. 도망가 버리면 깨달을 기회도 없고 신앙도 성장하지 못하며 결코 변화되지 않고 또 똑같은 장애를 만나게 되는 것이다. 자기 허물로 인하여 장애를 만나게 되더라도 피하지 말고 당해야 열매를 거둘 수 있다.

묵상과 적용

1. 내가 생각하기에 이유 없는 고난이나 장애를 만난 적이 있는가?

2. 내가 고난을 당해야 하는 이유를 깨달았다면 그것이 무엇인지 설명해보라.

3. 내가 당하지 않아도 될 만하다고 생각해서 고난이나 장애를 피해버린 적이 있었는가?

4. 장애나 고난을 피했지만 돌이켜볼 때 오히려 하나님의 뜻을 깨달은 것이 있는가?

5. 어떤 고난을 피하지 않고 끝까지 감당했을 때 하나님께서 주신 은혜를 기록해보라.

4. 왜 마리아인가?

왜 나사렛의 마리아인지 우리는 모른다. 다만 하나님께는 분명한 이유가 있다. 성도는 그 이유가 되는 사람들이어야 한다.

> (눅 1:26) "여섯째 달에 천사 가브리엘이 하나님의 보내심을 받아 갈릴리 나사렛이란 동네에 가서"
>
> (눅 1:45) "주께서 하신 말씀이 반드시 이루어지리라고 믿은 그 여자에게 복이 있도다"

마리아는 아주 작은 촌 동네, 시골마을의 이름 없는 한 처녀였다. 하나님은 출신이나 학력과 같은 인간의 조건과는 전혀 상관없는 사람을 택하셨다. 하나님께서 마리아를 택하신 이유가 무엇일까? 마리아는 주님께서 약속하신 말씀은 반드시 이루어진다는 것을 그대로 믿는 순수한 믿음을 가진 유일한 사람이었다.

신앙인에게 일어나는 모든 일은 믿음에 따라 달라진다. 물론 실력 있고 능력 있고 사회적 위치도 있는 사람을 사용하실 때도 분명히 많이 있지만, 그럴 때에라도 마리아와 같은 그런 경건을 갖추게 하신 후에야 사용하신다. 대개 내세울 것이 없는 사람들 중에 그런 사람이 더 많을 뿐이다.

묵상과 적용

1. 신앙생활 중에 기적과도 같은 일을 만난 적이 있었는가?

2. 기적을 만났을 때 나의 심령상태는 어떤 상태였는가?

3. 하나님께서 나를 얼마나 사용하실 수 있을까? 하나님이 보시기에 나의 믿음은 어떤 수준일까?

4. 하나님께서 나에게만 주신 일이라고 생각되는 일은 어떤 것인가?

5. 내가 하나님께서 인정하시는 그런 믿음을 소유하지 못하는 주된 이유는 무엇일까?

5. 심령의 가난

예수님은 가난한 자, 낮은 자, 비천한 자를 위해 오셨다. 하지만 외적인 가난보다 심령의 가난을 위해 오셨다.

(눅 1:51-53) "그의 팔로 힘을 보이사 마음의 생각이 교만한 자들을 흩으셨고 권세 있는 자를 그 위에서 내리치셨으며 비천한 자를 높이셨고 주리는 자를 좋은 것으로 배불리셨으며 부자는 빈 손으로 보내셨도다"

예수님은 교만한 자를 가장 싫어하신다. 이들은 예수님을 믿지 못할 사람들이다. 교만한 자, 권세 있는 자, 부자들은 갈수록 흩어지고 내려가서 결국 빈손이 된다. 그러나 비천한 자, 굶주리는 자는 높아지고 채워지게 된다.

그리스도인의 눈길과 손길도 낮은 자, 비천한 자, 가난한 자, 굶주린 자에게로 향해야 한다. 왜냐하면 예수님께서 이런 사람들을 위해 오셨기 때문이다. 하지만 부자이든 가난한 자이든 심령이 가난하고 낮은 사람에게 예수님은 찾아오신다. 부자도 겸손할 수 있고 가난한 사람도 교만할 수 있기 때문이다.

묵상과 적용

1. 현재 나의 심령은 가난한 심령인가 교만한 심령인가?

2. 나는 어떤 시각으로 사람들을 바라보는가? 높은 사람인가 낮은 사람인가?

3. 나에게는 어떤 부분에 장점이 있는가? 그 장점이 교만으로 이어질 가능성이 있을까?

4. 나의 가장 큰 단점은 무엇인가? 혹시 그 단점 때문에 내가 변화된 경우가 없었을까?

5. 나의 외적인 모습과 내적인 모습 사이에는 어떤 괴리가 존재하는가?

6. 불신의 언어

우리도 믿음으로 기도한 후에 말이 끊겼다가 응답된 후에 풀리면 좋겠다. 자꾸 부정적인 생각이 드니까.

(눅 1:64) "이에 그 입이 곧 열리고 혀가 풀리며 말을 하여 하나님을 찬송하니"

나이 많은 사가랴는 아들을 낳으리라는 천사의 말을 불신함으로써 아들을 낳을 때까지 말을 하지 못하고 있었다. 불신의 언어는 말을 못하게 만들 수도 있다. 아니면 할 말이 없게 만들 수도 있다. 주님은 불신의 언어를 아주 싫어하신다. 부정적, 비판적, 불신앙적 언어를 버려야 하는데 그러려면 하나님을 전적으로 의지하려는 마음이 있어야 한다.

언어는 보약이 될 수도 있고 독약이 될 수도 있다. 언어는 평화가 될 수도 있고 폭력이 될 수도 있다. 누구라도 언어폭력의 피해자가 될 수도 있고 가해자가 될 수도 있다. 어떤 사안을 지나치게 공격적으로 비판하는데 비슷한 다른 사안에는 별로 관심을 보이지 않는다. 두 가지 모두 진리에 반하는 사건인데도 그렇다. 자기가 옳다고 하더라도 때때로 입을 다물면 무언의 언어가 되지 않을까 한다.

묵상과 적용

1. 힘들거나 문제에 부딪칠 때 내가 가장 흔하게 사용하는 불신의 언어는 무엇인가?

2. 내가 들었던 보약과도 같은 말이 있었다면 되짚어보고 그 당시를 회상해보라.

3. 나에게 비수처럼 꽂혔던 독약과도 같은 말들은 무엇이었는가?

4. 힘들 때 중얼거리듯이 스스로에게 자주 하는 불신의 언어는 무엇인가?

5. 나는 다른 사람을 세우는 데 힘이 되는 언어를 얼마나 자주 사용하고 있는가?

7. 구원과 죄 사함

죄 사함과 구원은 새로운 개념이지만, 이미 짐승의 피로 대속 받는 개념 속에 들어 있었다.

> (눅 1:76-77) "이 아이여 네가 지극히 높으신 이의 선지자라 일컬음을 받고 주 앞에 앞서 가서 그 길을 준비하여 주의 백성에게 그 죄 사함으로 말미암는 구원을 알게 하리니"

죄 사함으로 말미암는 구원의 개념은 세례 요한 이전까지는 없었던 것 같다. 구원의 개념이 구약과는 다르게 구체화되고 분명해지기 시작한다. 죄 사함으로 말미암는 구원은 오늘날 우리가 받은 것이다. 세례 요한으로부터 이것이 시작되었다.

신학이 필요한 것은 바로 이런 것 때문이다. 이미 존재하던 짐승의 피로 말미암는 죄 씻음의 개념이 모든 인류의 죄 사면을 통한 구원으로 발전되었다. 그렇게 보기 때문에 복음서는 역사서가 아닌 것이다. 예수 그리스도의 행적을 기록하기는 했지만 그 속에는 신학이 이미 들어 있다. 하지만 신앙은 신학 이전의 예수님의 마음을 헤아려야 한다. 신학에 파묻힌 신앙은 살아있는 신앙이 결코 될 수가 없기 때문이다.

묵상과 적용

1. 죄 사함으로 말미암는 구원을 경험했을 때의 이야기를 해보라. 지금 그것이 나의 생명인가?

2. 내가 가지고 있는 신학적인 믿음과 실제 성경이 가르치는 믿음 사이에 간격이 없는가?

3. 때때로 교회전통과 성경적 믿음 사이에 괴리가 발견될 때 나는 어떻게 대처하는가?

4. 성경 속에 들어있는 하나님의 마음을 느끼고 깨닫기 위해 얼마나 애를 쓰고 있는가?

5. 교단과 교파를 떠나 말씀을 하나님으로 받아들이기 위해서 어떻게 하는 것이 좋겠는가?

8. 우리가 세례 요한이다.

돋는 해가 떠올랐지만 그 빛을 구석구석 비추이게 하는 일은 신앙인들의 몫이다.

> (눅 1:77-79) "주의 백성에게 그 죄 사함으로 말미암는 구원을 알게 하리니 이는 우리 하나님의 긍휼로 인함이라 이로써 돋는 해가 위로부터 우리에게 임하여 어둠과 죽음의 그늘에 앉은 자에게 비치고 우리 발을 평강의 길로 인도하시리로다 하니라"

어둠과 죽음의 그늘에 앉은 사람들에게 그리스도로 인하여 태양이 위로부터 임하여 평강의 길로 인도하신다. 어둠은 방향을 알 수 없게 만들고 움직일 수 없게 만든다. 옳고 그름을 분별할 수 없고 참된 믿음이 어떤 것인지 확신하기 어렵게 만든다. 지금도 어둠의 세상은 점점 더 어두워지고 있다. 오로지 태양처럼 복음이 위로 떠오르게 해야 한다. 복음을 실천함으로써만이 가능한 이야기이다.

세상은 점점 급속하게 어두워가고 있지만 교회는 세상의 빛이 되어주지 못하고 있다. 진리를 위해 수많은 대적들과 싸워야 하지만 복음을 실천하지 못하면 절대 세상의 빛이 될 수 없다. 예수님 당시에는 세례 요한이 한 사람이었지만 지금은 무수한 세례 요한이 존재하고 있다. 세례 요한들이 세례 요한다워지는 것이 처방이다.

묵상과 적용

1. 세례 요한다움은 "그는 흥하여야 하겠고 나는 쇠하여야 하리라"이다. 나는 세례 요한인가?

2. 우리는 세례 요한이다. 나로 인해 주님은 얼마나 빛나고 있는가?

3. 빛은 어둠을 비출 때 빛다워진다. 나의 빛은 세상의 어둠을 얼마나 비춘다고 생각하는가?

4. 죽음의 그늘에 앉아있는 자들을 향한 빛으로서의 기능은 나의 삶에서 얼마나 차지하고 있는가?

5. 사람들로 하여금 하나님과 화평을 이루게 하는 데 나는 조금이라도 역할을 감당하는가?

9. 믿을 사람들

죄인들에게 천사가 나타나는 것은 예언을 그들이 순수하게 믿을 수 있는 사람들이기 때문이다.

(눅 2:8-9) "그 지역에 목자들이 밤에 밖에서 자기 양 떼를 지키더니 주의 사자가 곁에 서고 주의 영광이 그들을 두루 비추매 크게 무서워하는지라"

목자는 이스라엘에서 천대받는 사람들이었다. 이들은 목장 주인이 아니다. 품을 파는 목동들이다. 그리고 이들은 죄인 취급을 받는 사람들이었다. 그런데 그 죄인들 앞에 천사가 나타났다. 의로운 사람, 영성이 깊은 사람에게 나타나야 하는 천사가 죄인들에게 나타났다는 것은 있을 수 없는 일이 일어난 것이었다.

하지만 예수님이 어떤 사람들을 위해 성육신하셨는가를 생각해보면 다소 의문이 풀린다. 목자들에게 천사가 나타난 것은, 오직 한 가지, 그들은 믿을 사람들이기 때문이었다. 겉모습이나 편견으로 쉽게 판단하지 말아야 한다.

묵상과 적용

1. 만약에 이 시대에 주의 사자가 나타난다면 어떤 사람들에게 나타날지를 생각해 보라.

2. 지금 주의 사자가 나타난다면 나에게도 찾아올 것 같은가? 아니라면 그 이유는 무엇이겠는가?

3. 주의 사자가 나를 찾아오도록 하려면 나는 어떤 점에 집중해야 하겠는가?

4. 만약에 주의 사자가 나에게 나타난다면 가장 첫 마디를 무엇이라고 하겠는가?

5. 목동들의 상황을 상상해보고 그들의 심령과 나의 심령을 비교해보라.

10. 기다리는 자의 복

관계란 하나님과의 관계가 삶 속에서 유지되는 것이다.

(눅 2:25) "예루살렘에 시므온이라 하는 사람이 있으니 이 사람은 의롭고 경건하여 이스라엘의 위로를 기다리는 자라 성령이 그 위에 계시더라"

보혜사 성령님이 오시기 전이었는데도 성령께서는 시므온 위에 임재하고 계셨다. 그래서 아기 예수님을 보자말자 메시아이심을 알아챌 수 있었던 것이다. 오늘날에는 성령님께서 성도를 떠나지 않는다고 하는데도 우리는 성령이 마치 우리를 떠나 계신 것과 같은 어두운 영성일 때가 많다. 언제나 성령님의 역사를 구하기 위해 하나님과의 관계가 막히지 않도록 힘써야 하겠다.

시므온이라는 사람은 무엇을 하는 사람이 아니라 다만 이스라엘의 위로를 기다리는 사람일 뿐이었다. 큰일을 추진하거나 많은 일을 해낸 사람이 아니었다. 뭔가 주의 일을 한다고 분주할 때에는 사실상 성령님께서 잠잠하실 때가 더 많은 것 같다. 묵묵히 기다릴 때도 있어야 성령님께서 일하신다.

묵상과 적용

1. 나는 하나님의 일 때문에 하나님과의 관계가 막힌 적은 없었는가?

2. 시므온 위에 성령님이 계신 것은 의로움과 경건 때문이었다. 나는 얼마나 의롭고 경건하려고 애쓰는가?

3. 나는 성령님으로부터 무엇을 기다리고 있는가? 혹시 성령님의 기적을 기다리는 것은 아닌가? 기적이 아니라 관계가 중요하다.

4. 성령님과의 관계가 막히지 않도록 내가 가장 먼저 버려야 할 것이 있다면 무엇인가?

5. 시므온은 이스라엘의 위로를 기다리고 있었다. 나는 이미 오신 '위로'(메시아)를 얼마나 생명으로 여기고 있는가?

11. 축복은 실패를 포함한다.

축복은 패할 때도 있고 흥할 때도 있으며 비방의 표적이 될 때도 있는 것을 의미한다.

(눅 2:34) "시므온이 그들에게 축복하고 그의 어머니 마리아에게 말하여 이르되 보라 이는 이스라엘 중 많은 사람을 패하거나 흥하게 하며 비방을 받는 표적이 되기 위하여 세움을 받았고"

시므온의 예언처럼 많은 사람들을 패하게 하거나 흥하게 하거나 비방을 받게 하는 표적이 되는 분은 예수님이다. 예수님의 사도들도 이와 같은 일을 당했다. 예수님의 제자들인 우리도 이런 일을 당할 수 있다는 것을 알고 있어야 한다. 이것이 시므온의 축복의 내용이었다. 축복의 개념이 우리가 생각하는 것과 전혀 다르다.

모든 일의 중심에는 예수님이 계셔야 한다. 예수님이 없어서 망할 수도 있지만 예수님을 믿음으로 망할 수도 있다. 예수님을 몰라도 흥할 수 있지만 예수님을 믿음으로 흥할 수도 있다. 우리 삶의 주체가 예수님이 되시는 한, 망하거나 흥하거나 비방을 받아도 복이 될 수 있다.

묵상과 적용

1. 나는 얼마나 예수님을 생명으로 모시고 있다고 생각하는가? 몇 퍼센트나?

2. 예수님 때문에 패했지만 사실상 흥한 것이었던 경우가 있다면 이야기해보라.

3. 예수님 때문에 흥했다고 생각했지만 사실상 패한 결과를 불러왔던 경험이 있다면 말해보라.

4. 예수님을 믿는 것 때문에 비방을 받았던 경험이 있다면 소개해 보라.

5. 비방을 받거나 패하는 경험을 할 때 나는 얼마나 힘들어했는가? 그 정도가 믿음의 현주소이다.

12. 잃어버린 예수님을 찾아서

우리는 예수님을 잃어버린 것과 같은 상황을 얼마나 자주 만나는가? 지금 혹시 예수님을 잃어버리지는 않았는가?

(눅 2:46) "사흘 후에 성전에서 만난즉 그가 선생들 중에 앉으사 그들에게 듣기도 하시며 묻기도 하시니"

예수님의 부모인 요셉과 마리아는 사흘 동안이나 예수님을 찾아다녔다. 태어나기 전부터 심지어 가브리엘 천사로부터 엄청난 예언까지 들었는데 이렇게 사라져버리시니 그들의 마음에 얼마나 혼란이 왔을까? 우리가 알아야 할 것은 하나님의 계획 중에서라도 위기나 혼란상황을 만날 수 있다는 점이다. 하지만 하나님의 계획은 결코 취소되거나 실패되지 않는다. 내가 하나님의 비전을 이루어가고 있다면 걱정하지 않아도 된다.

우리는 예수님을 잃어버린 것 같이 느낄 때가 있어도 예수님은 우리를 잃지 않으신다. 별별 신학을 다 동원해도 중심에 예수님이 없다면 그것이 무슨 소용인가? 신학이 부족해도 방향만 바르다면 예수님을 놓치지 않는 한, 승리자가 될 수 있는 것이다.

묵상과 적용

1. 나는 고난을 만났을 때 마치 하나님을 잃어버린 것 같은 느낌에 사로잡혔던 적이 있었는가?

2. 만약에 예수님을 잃어버린 느낌에 처해진다면 나는 가장 먼저 무엇을 해야 하겠는가?

3. 반대로 모든 일이 잘 되었지만 나중에 보니 예수님을 떠나있었던 경우가 있었다면 말해보라.

4. 예수님과 언제나 동행하고 있을 때의 평안과 기쁨의 순간들을 기억해보라.

5. 신앙생활이나 사역에 있어서 내가 가장 중요하게 여겨야 할 점은 무엇이겠는가?

13. 내 마음의 빈 들

빈 들은 사람이 살 수 없는 곳이며 세상과 동떨어진 곳이다. 내 마음이 빈 들일 때 하나님은 말씀하신다.

> (눅 3:2) "안나스와 가야바가 대제사장으로 있을 때에 하나님의 말씀이 빈들에서 사가랴의 아들 요한에게 임한지라"

하나님의 말씀이 기도원이나 성전에서가 아니라 빈 들에서 요한에게 임하셨다. 빈 들이란 아무것도 없는 들판이다. 장소를 말하는 것이기도 하지만 모든 것을 비워야 하나님의 말씀이 임하신다는 말이다. 물론 빈 들은 환경의 영향도 사라져야 하는 곳이다. 세례 요한은 환경이나 조건의 영향을 전혀 받지 않고 있었다. 그것이 마음의 빈 들의 조건이다.

사명을 감당할 때도 마찬가지이다. 사명으로만 채워져 있으면 하나님의 음성을 듣지 못할 것이다. 여기에서 착오가 큰 것 같다. 사명을 받았으니 사명으로 채우는 것이 당연한 것 같지만 사실은 사명조차도 비워야 하나님의 음성으로 채워질 수 있다. 뜨겁게 사명을 감당하면서도 지혜롭지 못한 것은 바로 그런 이유일 것이다.

묵상과 적용

1. 내 마음이 빈 들과 같을 때는 언제였는가? 그 때 하나님은 무엇이라고 하셨는가?

2. 분주함으로 가득 채워져 있었을 때 나는 얼마나 성령님의 음성에 민감했는가?

3. 나의 비전은 내 욕심에서 비롯된 것인가? 빈 들과 같이 모든 것을 비웠을 때 주신 것인가?

4. 나는 얼마나 자주 내 심령을 비우고 있는가?

5. 아무리 일정이 바빠도 그것을 희생해서라도 매일같이 놓치지 말아야 할 것은 무엇이겠는가?

14. 주의 길을 평탄케

주의 길이라면 탄탄대로가 되어야 하지 않겠는가? 하지만 그 평탄케 하는 일을 우리에게 맡기셨다.

(눅 3:4-5) "선지자 이사야의 책에 쓴 바 광야에서 외치는 자의 소리가 있어 이르되 너희는 주의 길을 준비하라 그의 오실 길을 곧게 하라 모든 골짜기가 메워지고 모든 산과 작은 산이 낮아지고 굽은 것이 곧아지고 험한 길이 평탄하여질 것이요"

세례 요한의 사역은 주의 길을 곧게 하는 일이었다. 울퉁불퉁 꼬불꼬불, 험한 길을 곧고 평탄하게 만드는 일이었다. 우리도 마찬가지이다. 사람들의 굽고 험해진 마음의 길을 곧게 펴서 주께서 오실 때 곧장 그 마음의 길로 들어가시게 하는 일이 바로 우리의 사명이다. 세례 요한의 사명과 우리의 사명은 동일하다.

모든 그리스도인들이 바로 그런 사람들이 아니겠는가? 세상의 빛과 소금이 되라는 이유도, 이웃을 자기 자신처럼 사랑하라고 하시는 이유도 바로 그것이 아니겠는가? 성도는 세상에서 주님의 길을 닦는 사람들이고 교회는 성도들이 주의 길을 곧게 하는 일을 인도하는 모임이어야 한다.

묵상과 적용

1. 나는 세상(불신자들)을 향하는 주의 길을 곧게 하는 일에 대해서 얼마나 인식하고 있는가?

2. 사람들의 심령을 열기 위해(평탄케 하기 위해) 나는 얼마나 애를 쓰고 있는가?

3. 혹시 내가 주의 길을 오히려 더 굽어지게 만든 일은 없었는가?

4. 교회가 주의 길을 평탄케 하는 것이 아니라 세상의 손가락질을 당하고 있다. 원인은 무엇이라고 생각하는가?

5. 주의 길을 곧게 하는 일에 내가 실천할 수 있는 일에는 어떤 것이 있겠는가?

15. 마귀와 번영주의

대성공은 마귀의 작품일 수 있다.

> (눅 4:5-6) "마귀가 또 예수를 이끌고 올라가서 순식간에 천하만국을 보이며 이르되 이 모든 권위와 그 영광을 내가 네게 주리라 이것은 내게 넘겨 준 것이므로 내가 원하는 자에게 주노라"

천하만국의 모든 영광은 마귀의 수중에 있다. 그러므로 세상에서 너무 잘 될 때에는 마귀를 의심해보아야 한다. 왜냐하면 마귀는 그 잘 되는 것을 이용하여 성도의 믿음을 잃어버리게 만들 수 있으니까. 그런데도 대성공한 사람들이 방송과 매스컴을 타고 있다. 크게 성공한 사례가 프로그램화되어 목회자 세미나를 휩쓸고 있다. 거기에 참여하는 분들 중의 다수가 성공한 기술을 배우려고 가는 것이 아니던가?

물론 큰 열매를 거두고 있는 사역의 현장을 본받아야 한다. 도전을 받아야 하고 배워야 한다. 그러나 기술이 아니라 그의 믿음을 본받고 그 태도를 배워야 하는 것이다. 비결이 아니라 본질적인 원리를 배울 수 있어야 하는 것이다.

묵상과 적용

1. 성공과 번영을 쫓아 바쁘게 살다가 하나님을 놓쳐버린 경험이 있는가?

2. 왜 성공주의가 위험하고 번영신학이 오히려 교회의 위기를 만든다고 생각하는가?

3. 사업이나 사역의 크기를 우선적으로 지향하면 거꾸로 누구의 지배를 더 받게 되겠는가?

4. 나는 지나치게 사역이나 사업의 성공, 성취에만 매달리고 있지는 않은가?

5. 나는 어떤 일에 실패함으로써 오히려 하나님과 더 가까워진 경험이 있는가?

16. 인내는 마귀 때문에 필요하다.

마귀는 포기할 줄 모른다. 마귀를 이기기 위해 성도에게 인내가 필요한 것이다.

(눅 4:13) "마귀가 모든 시험을 다 한 후에 얼마 동안 떠나니라"

마귀가 얼마 동안만 떠났다. 다시 돌아온다는 말이다. 한 번 승리했다고 안심하면 안 된다. 또다시 성도를 공격하는 것이 마귀의 특성이다. 그리고 포기할 줄 모르는 것도 마귀의 특성이다. 마귀는 최후의 순간까지 성도를 훼방할 것이다.

성도가 천국에 들어가는 그 때까지 마귀의 궤계는 계속된다. 물론 성도의 모든 삶의 소소한 부분까지 마귀가 공격할 수 있는 것은 아니다. 왜냐하면 마귀는 피조물이기 때문이다. 마귀의 부하인 악한 영, 귀신들이 아무리 많아도 그 숫자가 한정되어 있다. 마귀는 창조주가 아니기 때문이다.

그러나 그럼에도 불구하고 마귀가 전지하지는 못하지만 인간의 모든 역사를 다 알고 있다. 무당이 과거를 잘 알아맞히는 이유가 거기에 있는 것이다. 무엇인가 하나님의 일을 했다고 생각하면 마귀의 공격이 들어올 가능성이 높다.

묵상과 적용

1. 하나님은 왜 마귀가 온갖 방법으로 성도들을 공격하도록 허용하시는가?
(눅 21:19, 인내를 통한 구원)

2. 주님의 일을 성취했다고 생각될 때 우리는 무엇을 조심해야 하겠는가?
(고전 10:12, 넘어질까 조심)

3. 성도가 천국에 갈 때까지 강한 인내가 필요한 이유는 무엇이겠는가? (요일 5:4, 세상에 승리)

4. 나는 모든 하나님의 일에 얼마나 인내하고 있는가?

5. 내가 얼마나 자주 포기하는지 생각해보라. 포기하지 않고 인내하기 위해 무엇이 필요한가?

17. 성취 이후에 더 필요한 성령님

성령님의 능력은 일을 성취한 후에 오히려 더 필요하다. 여전히 성령님께 의존해야 하나님의 일은 지속된다.

(눅 4:14) "예수께서 성령의 능력으로 갈릴리에 돌아가시니 그 소문이 사방에 퍼졌고"

금식과 마귀의 시험이 끝난 후 갈릴리로 돌아가시는데 성령의 능력으로 가실 수 있었다. 그리고 성령께서 임하시니 소문이 그 지역 전체에 퍼지게 되었다. 우리의 모든 사역도 성령님의 능력에 전적으로 의존해야 하는 이유이다. 예수님조차도, 심지어 갈릴리에 돌아가시는 일조차도 성령님의 능력을 힘입으셨다. 의도적으로 홍보하지 않아도 성령께서 함께 하심으로써 알려지는 것이 진짜이다.

예수님은 모든 사역의 처음에 성령님의 능력을 힘입으셨다. 40일을 금식하신 것도 성령님의 능력을 입고 광야로 가신 것이었다. 금식을 마치시고 또 성령의 능력으로 갈릴리로 돌아가셨다. 이제 본격적인 예수님의 사역이 시작된 것이다. 마귀에게 승리하셨지만 여전히 성령님의 능력이 필요한 것이다. 성령님의 능력만이 우리를 성도답게 하는 것이다.

묵상과 적용

1. 나는 하나님의 일을 할 때 성령님의 능력을 얼마나 의존하고 있다고 생각하는가?

2. 의도하지 않았는데 성령님의 능력으로 많은 열매를 거두거나 성취한 일이 있다면 이야기해보라.

3. 열심히 애를 쓰고 수고했는데 기대한 열매가 없다면 그 원인은 무엇이라고 생각하는가?

4. 전적으로 성령님의 능력을 힘입기 위해서 나에게 가장 필요한 것은 무엇인가?

5. 성취 자체에 목적을 두고 일한다면 어떤 함정에 빠지게 되겠는가? (성령님과의 관계의 측면에서)

18. 성령의 목적을 벗어나지 말라.

성령님이 오신 목적은 방언이나 기적이 아니라 복음전파와 죄(로 인한 묶임)로부터의 자유이다.

(눅 4:18) "주의 성령이 내게 임하셨으니 이는 가난한 자에게 복음을 전하게 하시려고 내게 기름을 부으시고 나를 보내사 포로 된 자에게 자유를, 눈 먼 자에게 다시 보게 함을 전파하며 눌린 자를 자유롭게 하고"

성령을 주신 이유 중의 하나는 가난한 자에게 복음이 전해지게 하기 위함이다. 궁극적으로 복음이 전파되는 일에 쓰임 받지 못한다면 성령님이 함께하지 않으신 것이다. 또한 성령님은 세상에 묶인 사람들을 자유롭게 하시기 위해서 오신 것이다. 우리도 무엇에든지 묶여있는 사람을 자유롭게 하는 일에 최대의 관심을 가져야 한다.

가난한 사람도 결국 그 가난에 묶여 있는 사람들이다. 가난에 묶여 있지 않은 사람은 가난한 사람이 아니다. 우리도 욕심과 이기심과 편견에 묶여 있다가 해방되었고, 열등감과 상처와 아픔에 묶여 있다가 자유를 얻었고, 죄와 사망과 마귀에게 묶여 있다가 구원을 받은 것이다.

묵상과 적용

1. 과거에 나는 어디에 가장 강하게 묶여 있다가 자유를 얻게 되었는가?

2. 혹시 지금은 어디에 묶여있는지 생각해본 적이 있는가? 깊이 생각해보라.

3. 만약에 지금 무엇엔가 묶여 있다면 어떻게 해야 자유를 얻을 수 있겠는가?

4. 나는 성령님께서 주신 은사를 사용해서 얼마나 복음전파에 힘을 쏟고 있는가?

5. 혹시 성령님의 은사를 통해서 비전을 이루는 데에만 지나치게 치중하고 있는 것은 아닌가? (복음전파가 아니라)

19. 당신은 특별한 사람

우리는 사렙다 과부나 나아만 장군처럼 하나님께서 우리에게만 찾아오신 특별한 존재들이다.

(눅 4:26-27) "엘리야가 그 중 한 사람에게도 보내심을 받지 않고 오직 시돈 땅에 있는 사렙다의 한 과부에게 뿐이었으며 또 선지자 엘리사 때에 이스라엘에 많은 나병환자가 있었으되 그 중의 한 사람도 깨끗함을 얻지 못하고 오직 수리아 사람 나아만뿐이었느니라"

우리는 주님 앞에서 특별한 존재들이다. 그럼에도 스스로를 하찮은 존재로 여길 때가 자주 있다. 하지만 사렙다 과부가 특별한 존재이기 때문에 특별한 대접을 받은 것은 아니다. 하나님께서 찾아오셨기 때문에 특별한 존재가 되는 것이다. 성도들은 모두 아주 특별한 존재들이다.

예수님께는 이런 일들이 특별한 일이 아니라 일상적인 일이었다. 우리가 받은 믿음도 죽은 사람을 살려낸 것보다 더하면 더했지 절대 못한 기적이 아니다. 매일 매일이 기적 같은 삶이 되려면 내가 받은 기적을 잃어버리지 않으면 된다. 성령의 능력으로 자신이 생각하는 것이 바로 특별한 자기 자신이다.

묵상과 적용

1. 주님의 부활도 기적이고 부활을 믿는 믿음도 기적이다. 나에게 주님은 어떻게 찾아오셨는가?

2. 내가 가장 성취하고 싶은 기적은 무엇인가? 하지만 그보다 더 큰 기적을 누리고 있는가?

3. 나는 내가 특별한 존재라는 사실을 얼마만큼이나 받아들이면서 살고 있는가?

4. 내가 하나님으로 인해 특별하게 되었는데, 나는 주로 하나님을 바라보는가? 세상을 바라보는가?

5. 특별하게 한번 찾아오신 주심을 나는 매일같이 경험하고 사는가?

20. 귀신들과 그리스도

귀신들의 아우성은 그들의 멸망이 가까워온 것은 알기 때문에 더욱 죽일 듯이 기승을 부리는 것이다.

(눅 4:40-41) "해 질 무렵에 사람들이 온갖 병자들을 데리고 나아오매 예수께서 일일이 그 위에 손을 얹으사 고치시니 여러 사람에게서 귀신들이 나가며 소리 질러 이르되 당신은 하나님의 아들이니이다 예수께서 꾸짖으사 그들이 말함을 허락하지 아니하시니 이는 자기를 그리스도인 줄 앎이러라"

귀신들이 예수님을 알아보는 현상은 오늘날에도 변함없이 나타나고 있다. 무당은 예수님을 알고 있다. 교회 집사가 점을 치러 갔을 때 점괘(?)가 잘 나온다면 그 집사가 가짜이든지 점쟁이가 가짜라서 거짓말하는 것이든지 둘 중 하나일 것이다.

귀신을 제압하려면 어떻게 해야 할까? 그리스도인으로서의 정체성을 지키면 된다. 금식기도하고 철야하고 금식하는 일이 필요 없다는 말이 아니라 그리스도인으로서의 삶이 훨씬 중요하다는 이야기이다. 귀신은 기도 많이 하고 금식으로 무장한 사역자보다는 순수한 믿음을 가진 어린아이를 더 무서워할 수 있다.

묵상과 적용

1. 귀신들도 모두 아는 하나님의 아들 예수님을 나는 얼마나 깊이 믿고 있을까?

2. 믿음을 가진 후에 '오늘의 운세' 같은 것을 장난삼아라도 본 적이 있는가? 그 때 어떤 믿음이었나?

3. 나는 귀신들도 알아차릴 정도로 깊은 그리스도인의 영성(정체성)을 소유하고 있는가?

4. 신앙생활에서 귀신을 쫓아내는 능력보다 더 중요한 것은 무엇이라고 생각되는가? (삶의 전체 영역에서)

5. 나는 과연 어린아이들이 부모에게 의지하는 것처럼 하나님을 의지하고 있는가?

21. 지금 예수님을 따르고 있는가?

아무리 주님을 따르고 싶어도 주님 이외의 모든 것을 버리지 않으면 따를 수가 없다. 그것이 제자이다.

(눅 5:7, 11) "이에 다른 배에 있는 동무들에게 손짓하여 와서 도와 달라 하니 그들이 와서 두 배에 채우매 잠기게 되었더라 … 그들이 배들을 육지에 대고 모든 것을 버려두고 예수를 따르니라"

물고기를 배 두 척에 가득 잡게 되었다면 평상시보다 몇 갑절의 수입을 올리게 된다. 현금과도 같다. 그러나 절대자의 부르심이 있으면 아무 것도 아닌 것이 되고 만다. 구원자 예수님의 제자가 되는 것보다 썩어질 물건을 우상처럼 섬긴다면 그 사람은 예수님을 아직 못 만난 것이다. 버리지 않으면 결코 주님을 따를 수가 없다.

예수님의 제자가 되려면 반드시 먼저 버려야 한다. 왜냐하면 예수님께서도 스스로 모든 것을 버리셨기 때문이다. 예수님의 제자가 되겠다면서 예수님처럼 버리지 못한다면 어떻게 제자가 될 수 있겠는가? 예수님을 진정으로 따른다면 세상의 짐이 너무나도 무겁게 느껴지는 법이다. 크게 성공한 것이 가장 큰 짐이다.

묵상과 적용

1. 내가 아직도 버리지 못하고 있는 세상의 짐으로는 무엇이 있겠는가?

2. 예수님을 따르기 시작했을 때에는 버렸다가 다시 주워 담은 것이 혹시 존재하지 않는가?

3. 나의 노력으로 쌓은 많은 것들이 혹시 예수님을 따르는 데 짐이 되는 것은 아닌가?

4. 나는 예수님의 제자로서 세상 것은 버렸지만 마음의 욕심을 쌓고 있는 것은 없는가?

5. 무엇이든지 지금 현재 나를 어렵게 만드는 것이 있다면 나는 모든 것을 버린 것인가?

22. 신앙은 일이 아니라 사람이다.

무엇이든지 '일'이라고 생각하면 기도할 시간이 없고 '사람'이라고 생각하면 기도할 시간이 있다.

(눅 5:15-16) "예수의 소문이 더욱 퍼지매 수많은 무리가 말씀도 듣고 자기 병도 고침을 받고자 하여 모여 오되 예수는 물러가사 한적한 곳에서 기도하시니라"

아무리 사람들이 많이 몰려오고 예수님을 찾는 사람들이 많아도 예수님은 홀로 기도하실 시간이 꼭 필요하셨을 것이다. 1년 내내 전국과 해외 집회가 꽉 잡혀 있는 사람이라면 더더욱 모든 것을 내려놓고 기도하는 시간이 꼭 필요하다. 그렇게 하지 않으면 영적 과대망상증에 걸릴 수도 있기 때문이다.

이런 기도를 위해 새벽기도회나 철야기도회에 참여하는 것은 중요한 일이지만 꼭 그렇게 하지 못해도 순간적일지라도 자기중심적인 기도를 내려놓고 제로베이스에서 기도할 수 있다면 그는 하나님의 음성을 들을 수 있고 힘을 받을 수 있을 것이다. 언제 어디에서 기도하든지 자신과 일과 환경을 내려놓을 수 있어야 한다.

묵상과 적용

1. 나는 하나님의 일(사역)을 위해서 얼마나 열심히, 자주 기도하는가?

2. 나는 하나님의 '일'을 위해 더 열심히 기도하는가, 아니면 그 일을 하는 '사람'들을 위해 더 열심히 기도하는가?

3. 내가 주로 기도하는 내용은 일(사역)을 위한 기도인가 아니면 자기를 돌아보기 위한 기도인가?

4. 기도를 열심히 하는 것과 모든 것을 하나님 앞에 내려놓고 다 맡기는 것 중 어느 것이 먼저이겠는가? 어떨 때 더 평안을 얻을 수 있겠는가?

5. 하나님의 일은 내가 준비될 때 이루어주신다. 그렇다면 준비되기 이전의 간절한 기도는 무슨 의미가 있겠는가?

23. 복음의 어울림과 풍성함

어울림이란 그리스도인들에게도 필요하다. 그리스도의 복음은 무미건조하지 않고 풍성해야 한다.

(눅 5:36) "또 비유하여 이르시되 새 옷에서 한 조각을 찢어 낡은 옷에 붙이는 자가 없나니 만일 그렇게 하면 새 옷을 찢을 뿐이요 또 새 옷에서 찢은 조각이 낡은 것에 어울리지 아니하리라"

마태복음과 마가복음에는 낡은 옷에 붙이면 생베조각이 당겨서 헤진다고 나와 있으나 누가는 새 옷을 찢어 붙이면 새 옷을 버릴 뿐 아니라 헌 옷에 어울리지도 않는다고 다소 현실성 있는 말씀을 준다. 신앙에는 어울림도 필요하다. 복음 자체는 다른 진리와 어울릴 수 없지만 그 복음을 실현하는 데에는 어울림이 필요할 것이다.

기독교인의 삶은 사치나 낭비는 없어야 하지만 때로는 풍성함에도 어울릴 줄 알아야 한다. 세속문화와 뒤섞이면 안 되지만 복음의 본질 안에서 수용할 줄 아는 지혜도 필요하다. 물론 사단의 교묘한 궤계를 분별할 줄도 알아야 한다. 그러나 풍성함을 누릴 수 없다면 어떻게 신앙생활에 승리할 수 있겠는가?

묵상과 적용

1. 내가 근본주의적 신앙인이라면 나는 이웃과 얼마나 어울리고 있는가? 복음을 위해 어울려야 하는 것이 아닌가?

2. 내가 자유주의적 신앙인이라면 나는 얼마나 복음에 뿌리박고 있어야 하는가?

3. 혹시 나는 세상과 너무 가깝고 깊이 어울리고 있는 것은 아닌가? 그것이 그리스도인의 정체성에서 벗어난다면?

4. 나는 그리스도로 옷 입고 있는가? 그것이 복음에 어울린다고 생각하는가?

5. 세상과의 타협인가? 아니면 복음의 풍성함인가? 어느 선까지 나아가야 하겠는가? 참 어려운 질문이다.

24. 묵은 것과 새것이란

새로워져야 한다고 해서 새로운 복음이나 체제가 필요한 것이 아니다. 우리가 날마다 새로워져야 하기 때문이다.

> (눅 5:39) "묵은 포도주를 마시고 새 것을 원하는 자가 없나니 이는 묵은 것이 좋다 함이니라"

묵은 것이 더 좋다는 생각을 대부분의 사람들은 다 가지고 있다. 변화를 싫어하고 익숙한 것을 선호하는 것은 진리에 대해서도 마찬가지이다. 그릇된 것이라도 지금 하고 있는 것, 묵은 것에 머물러 있기를 좋아한다면 진리에 가까이 가기는 쉽지 않을 것이다. 그러나 살아있는 믿음을 소유하고 있다면 반드시 새로워질 수 있다.

그리스도인의 새로워짐은 전혀 다른 형태로 바뀌는 것을 말하는 것이 아니다. 우리의 새로워짐은 본질로의 회복을 말하는 것이다. 일반 사물은 오래 되면 헤지고 부서지고 낡아지지만 영적인 생명은 새로워지게 되면 완전히 새것이 된다. 그것은 성령님의 능력이기 때문이다. 살아있는 생명체가 자란다고 모습이 낡아지는 것을 본 적이 있는가? 우리는 말씀으로 날마다 새로워져야 한다.

묵상과 적용

1. 나는 묵은 것을 지키는 편인가, 아니면 새것을 추구하는 편인가?

2. 믿음 안에서 묵은 것이란 무엇이겠는가? 신앙 안에서 전통과 관습이란 우리에게 어떤 의미인가?

3. 믿음 안에서 새것이란 무엇이겠는가? 기존의 틀을 깨고 새로운 전통을 만드는 것인가? 그렇다면 새로운 전통은 또다시 묵은 것이 되지 않겠는가?

4. 교회가 새로워지려면 교회를 깨야 하겠는가? 아니면 바리새적인 신앙을 깨야 하겠는가?

5. 내가 소유하고 있는 복음은 어디에 담고 있는가? 나는 믿음을 묵은 전통이 아니라 변화된 신앙의식에 담고 있는가?

25. '지금' 나는 누구인가?

지금 상태에서 구원의 길을 찾아야 한다. 지금 충실하지 못하면 충실하지 못한 것이다.

> (눅 6:21, 25) "지금 주린 자는 복이 있나니 너희가 배부름을 얻을 것임이요 지금 우는 자는 복이 있나니 너희가 웃을 것임이요 … 화 있을진저 너희 지금 배부른 자여 너희는 주리리로다 화 있을진저 너희 지금 웃는 자여 너희가 애통하며 울리로다"

'지금'이라는 말이 네 번 나오는데, 지금 주리고 우는 사람은 하나님께 가까운 사람으로 곧 배부름과 웃음을 얻을 수 있으니 하나님께 나오라는 말씀이고, 지금 배부르고 웃는 사람은 하나님으로부터 멀리 있는 사람이니 빨리 그 길을 버리고 하나님 앞에 나오라는 말씀으로 해석한다.

지금 내가 어떤 상태인지 끊임없이 점검해보아야 한다. 인생은 언제나 '지금'의 반복이지 않은가? 지금이 반복된다고 해서 다 같은 지금인 것도 아니다. 언제나 지금 하나님 앞에 서야 한다. 지금 구원을 받은 상태인가? 지금 구원받은 상태가 아니라면 어쩌면 구원은 나의 것이 아닐 수도 있다.

묵상과 적용

1. '지금' 현재 나는 예수님과 친밀하고 인격적인 만남을 가지고 있는가?

2. 혹시 '지금' 내 일을 하면서 하나님의 일이라고 착각하는 것은 아닌가?

3. 과거에 하나님을 만났을 때의 관계와 '지금' 현재 하나님과의 관계는 어떻게 다른가?

4. 과거의 하나님과의 관계와 비교할 때 '지금' 나는 얼마나 성장해 있는가?

5. 지금 힘들거나 고통스러움에도 불구하고 하나님과 얼마나 가까운가? 어려움이 문제가 아니라 친밀함이 문제다.

26. 거짓과 진실, 칭찬과 비판

칭찬은 격려로 이어지지만 지나치면 교만으로 직결된다.

(눅 6:26) "모든 사람이 너희를 칭찬하면 화가 있도다 그들의 조상들이 거짓 선지자들에게 이와 같이 하였느니라"

지금 모든 사람에게 칭찬을 받고 있다면 어쩌면 거짓 선지자일 가능성이 있다. 그런 점에서 나는 아닌 것 같다. 하지만 칭찬받고 인정받고 싶은 마음이 있는 것은 사실이다. 칭찬과 인정은 어떤 일을 진행하는 데 커다란 힘이 되기 때문이다. 하지만 누군가에게 인정받기 위한 일이 되면 칭찬과 인정이 우상이 되어버린다. 그런데 이런 욕구는 인간이라면 누구에게나 생긴다는 데 문제가 있다. 이것을 이겨내는 것이 참된 믿음이다.

대개 능력 있는 사람들이 이런 칭찬에 익숙해져 있을 것이다. 어쩌면 칭찬을 먹기 위해 일을 하는 것일 수도 있다. 이것이 하나님께 대한 반응이면 좋은데 문제는 대상이 사람일 경우이다. 사람들에게서 인기가 높아질수록 자신에 대한 올바른 의식이 마비되기 때문에 위험해지는 것이다. 사람은 하나님 앞에 그저 죄인일 뿐이다.

묵상과 적용

1. 나는 칭찬을 많이 받고 사는가? 아니면 무관심이나 비판을 많이 받고 사는가?

2. 사람들의 칭찬은 거품과 같았고 스스로에게는 교만으로 나타났던 때는 없었는가?

3. 다른 사람을 비판하면서도 사실은 나도 그 사람처럼 칭찬을 많이 받고 싶은 적은 없었는가?

4. 나는 하나님의 칭찬을 더 기대하는가? 아니면 사람의 칭찬을 더 기대하는가?

5. 하나님의 칭찬과 사람의 칭찬은 어떻게 다르겠는가? 하나님의 칭찬은 현실과 어떻게 다른가?

27. 전혀 다른 새로운 종족

기독교인들은 새로운 인종의 출현이어야 한다. 하지만 자꾸 세속적인 종족으로 돌아가려고 한다.

(눅 6:27-28) " … 너희 원수를 사랑하며 너희를 미워하는 자를 선대하며 너희를 저주하는 자를 위하여 축복하며 너희를 모욕하는 자를 위하여 기도하라"

(눅 6:38上) "주라 그리하면 너희에게 줄 것이니 곧 후히 되어 누르고 흔들어 넘치도록 하여 너희에게 안겨 주리라"

예수님은 새로운 인류의 출현을 기대하셨던 것일까? 예수님의 새로운 공동체, 이 땅에 이루어져야 할 하나님의 나라는 이렇게 변화된 사람들로 구성되어야 한다. 그리스도인은 넓은 의미에서 삶 속에서 새로운 공동체상을 만들어 나가야 한다. 세상 상식만큼도 못한 시대이지만, 신앙인은 그런 상식을 뛰어넘는 사람이어야 한다.

자기의식이 새 인류(새사람)라는 인식이 없으면 그리스도인으로서의 정체성을 유지하기가 어렵다. 왜냐하면 구인류(세상사람들)와 똑같은 인식으로 살아간다면 자연히 세상 사람이 되어버릴 것이기 때문이다. 예수님은 새 인류의 모임(교회)의 머리가 되신다.

묵상과 적용

1. 나는 성령으로 거듭난 사람이 분명한가? 그렇다면 나는 세상 사람과 전혀 다른 새사람으로 살고 있는가?

2. 나는 하나님의 자녀로서 영적인 자부심을 가지고 세상에 승리하면서 살고 있는가?

3. 나에게 원수와도 같은 반대자가 있다면 나는 그를 위해 기도하는가? 그렇지 않다면 나는 그리스도인인가?

4. 나는 박해자, 반대자에게도 축복하고 선대하고 있는가? 그런 행동을 당연한 것으로 생각하고 있는가?

5. 나는 나누는 것을 마땅히 여기고 자기 의로 여기지 않고 있는가? 새 인류에게는 당연한 일일 뿐이다.

28. '먼저'의 법칙

신앙인은 반드시 행한 대로 갚음을 받는데 비판이든 은혜이든 갑절 이상으로 받는다.

(눅 6:37-38) "비판하지 말라 그리하면 너희가 비판을 받지 않을 것이요 정죄하지 말라 그리하면 너희가 정죄를 받지 않을 것이요 용서하라 그리하면 너희가 용서를 받을 것이요 … 너희가 헤아리는 그 헤아림으로 너희도 헤아림을 도로 받을 것이니라"

인간은 반드시 도로 갚음을 당하게 되어 있다. 먼저 선한 일을 하고 먼저 사랑하면 그것을 더 크게 받고, 마찬가지로 먼저 비판하고 먼저 정죄하면 더 크게 받는다. 타인을 정죄하려면 두려워해야 한다. 상대방이 정죄 받을 만해도 마찬가지이다. 세상에 마음껏 타인을 비판할 수 있는 사람은 존재하지 않는다.

복음은 먼저 사랑하고 먼저 베풀고 먼저 나누는 것이다. 먼저 섬기고 먼저 희생하고 먼저 무릎을 꿇는 것이다. 그러면 하나님은 누구보다 먼저 사랑을 주시고 기쁨을 주시고 위로해주신다. 먼저 복을 주시고 먼저 응답하시고 먼저 인도하신다. 그리스도인이 먼저 사랑해야 하는 까닭은 예수님께서 먼저 우리를 위해 목숨을 주셨기 때문이다. 그것이 '먼저'의 법칙이다.

묵상과 적용

1. 나는 먼저 화해를 청하는 편인가, 아니면 화해를 청하기를 기다리는 편인가?

2. 나는 먼저 섬기는 편인가, 아니면 섬김을 받기를 기다리는 편인가?

3. 나는 먼저 위로하고 격려하는가, 아니면 격려를 기다리는 편인가?

4. 반면에 비판할 때에 나는 먼저 비판하는가, 아니면 분별해보고 비판하는가?

5. 나는 대접 받기를 기다리는가, 아니면 내가 대접받고 싶은 대로 먼저 대접하는가?

29. 비움과 채움, 채움과 비움

무엇인가로 채워지려면 다른 것은 비워져야 한다. 때로 선으로 채워지면 악이 저절로 비워질 때도 있다.

(눅 6:45) "선한 사람은 마음에 쌓은 선에서 선을 내고 악한 자는 그 쌓은 악에서 악을 내나니 이는 마음에 가득한 것을 입으로 말함이니라"

마음에 뭔가 가득 찼을 때 그것이 입으로 나오는 법이다. 아무리 크게 실패하거나 혹은 모든 것이 잘 된다고 해도 내 마음은 주님으로 가득 채워야 한다. 운동선수는 건드리면 운동 이야기만 나온다. 음악가는 건드리면 음악에 관한 말만 나온다. 마찬가지로 말씀으로 채워져 있는 사람을 건드리면 말씀이 튀어나온다.

그래서 신앙인은 늘 말씀과 기도를 가까이 해야 하는 것이다. 예를 들어 목사가 날마다 골프 이야기나 한다든가 장로가 만나면 땅 이야기를 주로 한다면 그들이 생각하는 것과 삶의 모습은 안 보아도 뻔한 것이 아닌가? 입에서 거룩한 말, 예수님 자랑이 나오는 신앙인이 되어야 하지 않겠는가? 내 속에 거룩함으로 채워지면 세속적인 악함은 사라지게 되어 있다.

묵상과 적용

1. 극도로 어려움을 만났을 때 내 입에서는 무엇이 먼저 나오는가? 한탄이나 불신의 말인가, 아니면 감사와 찬양인가?

2. 다른 사람과 부딪쳤을 때 다툼과 비판이 먼저인가, 아니면 배려와 양보인가?

3. 베드로는 배반자였지만 성령 받은 후에는 순교자가 되었다. 나는 배반자인가 순교자인가? 곧 어느 정도 성령 충만한가?

4. 혼자 있을 때 스스로의 입에서 나오는 언어들을 분석해보라. 그것이 나의 믿음의 수준이다.

5. 내 입에서 나오는 말로 상대가 상처를 입은 경우와 힘을 얻고 회복하는 경우, 어느 쪽이 더 많은가? 왜 그렇겠는가?

30. 믿음은 지식이 아니다.

질병의 치유는 예수님께서 명하셔서 치유하시는 것이다. 성도는 이것을 확신하고 예수의 이름으로 명한다.

(눅 7:7-8) " … 말씀만 하사 내 하인을 낫게 하소서 나도 남의 수하에 든 사람이요 내 아래에도 병사가 있으니 이더러 가라 하면 가고 저더러 오라 하면 오고 내 종더러 이것을 하라 하면 하나이다"

모든 질병은 예수님께서 한번 명령하시면 낫게 되어 있다. 백부장의 믿음은 예수님이 어디에서이든 명령 한 마디면 그 명령대로 이루어진다는 믿음이다. 예수님이 직접 명령하시는 것과 오늘날 예수님의 이름으로 명령하는 것은 본질적으로 동일하다. 어떻게 하면 백부장의 믿음을 소유할 수 있을까? 때로는 군인정신과 같은 절대복종의 믿음이 필요한 것이다.

이것은 치유의 은사가 아니다. 믿음의 은사다. 똑같이 질병을 치유해도 치유의 근원이 다를 수 있다. 믿음의 은사는 자기마음대로 되는 것도 아니다. 나의 믿음에 성령님이 응답하심으로써 순간적으로 믿음이 생긴다.

묵상과 적용

1. 나는 어떤 점을 근거로 사역자 또는 사명자가 되었는가? 만약에 믿음이 없었다면 가능했겠는가?

2. 예수의 이름으로 선포하여 병 고침이나 축사의 기적을 만들어낸 경우가 있었는가?

3. 그럴 때 나는 과연 어떤 믿음을 가지고 있었는가? 믿어졌는가, 믿으려고 애썼는가?

4. 믿음으로 병 고침을 선포할 때 과연 나는 예수님을 어느 정도나 의지하는가? 절대적으로 의지하는가?

5. 나도 예수 믿고 백부장과 같은 믿음을 소유할 때가 있었다. 지금은 왜 그런 믿음이 사라졌는가? 지식이 너무 많아졌는가?

31. 완전한 맡김

원래 믿음이란 물 흐르듯이 자연스러운 흐름이어야 하는데 온갖 인간적인 의심이 그것을 막고 있다.

> (눅 7:9) "예수께서 들으시고 그를 놀랍게 여겨 돌이키사 따르는 무리에게 이르시되 내가 너희에게 이르노니 이스라엘 중에서도 이만한 믿음은 만나보지 못하였노라 하시더라"

믿음이란 병을 고치거나 특별한 이적을 일으키는 수단이 아니다. 믿음은 하나님과 예수님의 실체에 대한 거대한 신뢰이다. 물론 예수님은 모든 질병을 고치실 뿐 아니라 자연까지도 명하여 다스리시는 분이시다. 그러나 어떤 사안을 내 믿음으로 고치려는 것이 아니라 예수님께 대한 인격적인 의뢰를 통하여 그분이 하시도록 기대하는 것이 완전함 맡김이다.

흔히 내 믿음이 적어서, 나는 그런 믿음이 없어서라는 식으로 말하곤 하는데, 믿음이란 어린아이들이 자기 아버지가 고장 난 장난감을 고쳐 줄 줄 알고 장난감을 내미는 것이다. 물론 항상 장난감이 고장 나는 것은 아니므로 항상 내미는 것은 아니다. 다만 절대적인 신뢰가 필요하다는 것이다.

묵상과 적용

1. 백부장은 예수님께서 자기 하인을 고쳐주실 것을 믿었다. 나는 어떤 종류의 믿음을 가지고 있는가?

2. 내가 가지고 있는 믿음으로 예수님의 칭찬을 받을 만한 일이 있는가?

3. 환자를 명하여 병 고침을 얻지 못한다면 그것은 어떤 문제라고 생각하는가? 믿음의 부족? 성령님의 부재? 주님의 뜻?

4. 병 고침에 대한 백부장의 믿음을 제자들은 언제 얻을 수 있었는가?

5. 성령 충만하다고 모두가 병을 고치는 것은 아니다. 나는 성령 충만하면 무엇을 가장 열심히 잘 하는가?

32. 부스러기 붙잡기?

신앙 본질 이외의 것에서 증거를 찾으려고 하면 본질이 사라지고 비본질이 본질을 대체한다.

(눅 7:24-25) "요한이 보낸 자가 떠난 후에 예수께서 무리에게 요한에 대하여 말씀하시되 너희가 무엇을 보려고 광야에 나갔더냐 바람에 흔들리는 갈대냐 그러면 너희가 무엇을 보려고 나갔더냐 부드러운 옷 입은 사람이냐 보라 화려한 옷을 입고 사치하게 지내는 자는 왕궁에 있느니라"

세례 요한을 보려고 광야에 나간 사람들에게 본질적인 것을 잃어버리지 말라고 가르치는 말씀이다. 흔들리는 갈대나 화려한 옷은 세례 요한과는 전혀 반대의 모습이다. 그러니 그런 쓸데없는 것에 현혹되지 말고 세례 요한을 보려고 갔던 본래의 목적, 곧 회개하고 세례를 받는 일에 집중해야 한다.

우리 신앙생활에서도 복음과 진리를 좇아가야지 부수적으로 떨어지는 부스러기에 현혹되어서는 안 된다는 말씀이다. 나는 과연 지금 어떤 부스러기를 좇아가고 있는지 정직하게 돌아보아야 한다. 이 부스러기 때문에 기독교가 비뚤어진 것이 아닌가?

묵상과 적용

1. 나는 말씀이 가리키는 본질, 곧 예수님께서 의도하신 것을 얼마나 쫓아가고 있다고 생각하는가?

2. 나는 성경을 대할 때 '하나님의 마음'까지 생각하면서 거기에 합당하게 하려고 얼마나 애를 쓰는가?

3. 말씀이 나에게 이루어진 증거를 어디에서 찾는가? 외적 증거, 곧 세상적, 물질적인 응답에서만 찾는 것은 아닌가?

4. 문제를 해결하거나 응답을 받았을 때 나의 진짜 기쁨은 하나님과의 관계에서 얼마나 크게 느끼고 있는가?

5. 나의 신앙생활 전체를 볼 때 나는 얼마나 진리의 부스러기를 따라가고 있다고 생각하는가?

33. 은혜를 발로 차버리는가?

하나님의 선하신 뜻은 바리새인과 율법 교사들을 향해서도 있었지만 그들이 스스로 저버렸다.

(눅 7:30) "바리새인과 율법교사들은 그의 세례를 받지 아니함으로 그들 자신을 위한 하나님의 뜻을 저버리니라"

바리새인들과 율법 교사들에 대한 하나님의 선하신 뜻이 분명히 있었다. 바리새인이라고 하여 처음부터 심판을 받게 되어 있는 것이 아니었다. 하나님의 말씀을 백성들에게 잘 가르치고 그 백성들을 하나님께로 잘 인도하는 것이 그들을 향한 하나님의 뜻이었다. 그것을 잃어버리면 이스라엘은 그냥 여러 민족 중의 하나일 뿐이다. 사실 그래서 이스라엘은 사명을 잃어버리게 되었던 것이다.

그들은 백성들을 가르치기는 하되 자기들의 입맛에 따르도록 가르쳤고, 하나님께로 인도하려고 하기는 하되 자기들이 하나님의 자리에 앉아버린 것이었다. 그리하여 오히려 하나님과 백성들의 사이를 가로막고 마귀의 종노릇만 하기에 이르렀던 것이다. 형식적이고 위선적이며 실천적이지 못한 믿음의 결과가 무서울 뿐이다.

묵상과 적용

1. 나는 말씀을 읽을 때 얼마나 자기중심적으로 읽는다고 생각하는가?

2. 나는 말씀을 읽을 때 순전히 하나님의 입장에서 느끼려고 얼마나 애를 써 보았는가?

3. 혹시 하나님의 마음, 하나님의 뜻을 알면서도 발로 차버리듯이 무시한 적은 없었는가?

4. 나는 나의 유익을 위하여 말씀을 조금 편리하게 해석했던 적은 없었는가?

5. 말씀을 바꾸거나 무시하거나 건너뛰면 그 말씀이 들리지 않게 된다. 나는 말씀이 얼마나 귀에 들리는가?

34. 예수님만 보일 때

정말 진정한 마음이 있으면 사람들은 눈에 안 보이고 오직 예수님만 보이게 된다.

(눅 7:37-38) "그 동네에 죄를 지은 한 여자가 있어 예수께서 바리새인의 집에 앉아 계심을 알고 향유 담은 옥합을 가지고 와서 예수의 뒤로 그 발 곁에 서서 울며 눈물로 그 발을 적시고 자기 머리털로 닦고 그 발에 입 맞추고 향유를 부으니"

예수님 발밑에 엎드려 하염없는 눈물로 예수님의 발을 적시고 머리카락으로 닦아드리고 예수님의 발에 입 맞추고 발에 향유를 부어드린 이 죄 많은 여인(창녀)이야말로 자기의 진정한 마음을 보여드린 것이다. 그 진정성은 다른 사람의 눈을 전혀 의식하지 못했다는 점에서 증명이 되는 것이다.

하나님을 찬양하거나 주의 이름으로 섬길 때에는 오로지 주님과 자기 자신만을 의식해야 진정한 찬양과 섬김이 되는 것이다. 사람들의 눈길이 부담이 되어서 신앙행위가 축소된다면 하나님을 향한 진정성이 떨어진다는 증거가 될 뿐이다. 항상 이런 진정성을 보여드리고 싶다.

묵상과 적용

1. 혹시 나는 많은 사람들 앞에서 예수님을 말하기가 꺼려지는가?

2. 처음 예수님을 믿을 때나 은혜 충만할 때 나는 예수님을 얼마나 사람들 앞에서 자랑했는가?

3. 나는 지금 예수님이 얼마나 크게 보이고 있는가? 혹시 예수님보다 큰 것이 보이지는 않는가?

4. 사람들의 가치기준과 전혀 다른 가치관이 아니면 진정으로 예수님을 따를 수 없다. 나는 얼마나 인본적인가?

5. 나는 얼마나 세상을 거슬러가고 있는가? 혹은 얼마나 세상 따라 흘러가고 있는가?

35. 예수님과 비교하라.

직접 비교해보니 엄청난 차이를 느끼게 된다. 우리는 예수님과 비교해야 영성을 유지할 수 있다.

(눅 7:44) "그 여자를 돌아보시며 시몬에게 이르시되 이 여자를 보느냐 내가 네 집에 들어올 때 너는 내게 발 씻을 물도 주지 아니하였으되 이 여자는 눈물로 내 발을 적시고 그 머리털로 닦았으며"

바리새인 집주인과 향유 부은 죄인 여자의 대비가 놀랍다. 발 씻을 물도 안 주는 것과 눈물과 머리털로 예수님 발을 씻김, 환영의 입맞춤도 없음과 예수님의 발에 입맞춤, 감람유도 붓지 않음과 향유를 발에 부음. 아무리 사소한 것이라도 예수님을 위해 하는 마음을 가지고 최상의 것으로 드리고 최선의 모습을 보이자. 다시 살 것 같지 않을 정도까지.

항상 그럴 수는 없지만 때로는 넘치도록 주님께 사랑을 보여 드려야 한다. 이 여인도 매일 옥합을 깨뜨린 것은 아니지 않은가? 다만 주님을 향한 넘치는 사랑을 항상 마음에 품고 있었다는 증거를 오늘 보여 드린 것이다. 나는 예수님 대신 이웃을 그렇게 사랑해야 하겠다.

묵상과 적용

1. 나는 지금 얼마나 예수님을 바라보고 있는가? 얼마나 예수님께 집중하고 있는가?

2. 나는 시몬에게 더 가까운 사람인가? 아니면 이 여인에게 더 가까운 사람인가?

3. 오늘날 이웃이 바로 예수님이다. 예수님을 섬기듯이 이웃과 형제의 발을 씻겨주는 것은 나에게 무엇인가?

4. 예수님께 드리려고 준비해 놓은 나의 향유 옥합은 무엇인가?

5. 그 향유 옥합을 드리면 얼마나 세상에 그리스도의 향기로 채워지겠는가?

36. 나는 좋은 밭인가?

좋은 교회란 씨앗이 잘 자라서 열매를 맺을 수 있도록까지 만들어주는 교회이다.

(눅 8:5-8) "씨를 뿌리는 자가 그 씨를 뿌리러 나가서 뿌릴새 더러는 길가에 떨어지매 밟히며 공중의 새들이 먹어버렸고 더러는 바위 위에 떨어지매 싹이 났다가 습기가 없으므로 말랐고 더러는 가시떨기 속에 떨어지매 가시가 함께 자라서 기운을 막았고 더러는 좋은 땅에 떨어지매 나서 백 배의 결실을 하였느니라 이 말씀을 하시고 외치시되 들을 귀 있는 자는 들을지어다"

씨는 똑같은 씨이다. 심령 상태에 따라 말라죽기도 하고 잘 자라서 열매를 맺기도 한다. 어느 시대에나 좋은 교회를 분별할 수 있는 기준은 좋은 씨앗이 심겨져서 자라고 꽃이 피고 열매를 맺히고 결실할 수 있도록 도와주는 것이 아닐까 한다. 단순히 잘 짜인 프로그램 등을 말하는 것이 아니라 실제 삶에서 이웃과 세상에 녹아들어 복음적인 삶을 살 수 있도록 준비시켜 주는 교회를 말하는 것이다. 그렇게 되려면 먼저 지도자가 준비되어 있어야 한다.

묵상과 적용

1. 나에게 있어서 말씀과 체험의 씨앗이 그냥 밟혀버리고 마귀가 먹어치우는 신앙의 부분은 어떤 부분인가?

2. 말씀을 듣고 받기는 하는데 금방 말라버리는 부분은 어떤 부분인가? 기도, 이웃사랑, 실천, 봉사, 성경, 형제사랑, 교제 등등.

3. 그렇다면 말씀이 어느 정도 자라는데 가시떨기 곧 생활에 파묻혀서 더 이상 자라지 못하는 부분은 무엇인가?

4. 마지막으로 말씀을 받고 잘 자라서 그 말씀대로 행하게 되고 열매를 맺히는 부분은 어떤 부분인가?

5. 전체적으로, 나의 신앙은 지금 성장하고 있는가? 그렇지 못하다면 어느 수준에서 멈추어버렸는가?

37. 등불을 가리지 말라.

등불은 자기를 비추기 위해 켜는 것이 아니라 어둠 속을 보이게 하기 위해 켜는 것이다.

(눅 8:16) "누구든지 등불을 켜서 그릇으로 덮거나 평상 아래에 두지 아니하고 등경 위에 두나니 이는 들어가는 자들로 그 빛을 보게 하려 함이라"

등불을 등경 위에 두는 이유는 등불을 보려고 하는 것이 아니다. 등불의 역할은 빛을 비추는 것이다. 등불로 인하여 비쳐지는 빛으로 사방을 분별하고 더 명확하게 보게 하기 위하여 등불을 켜는 것이다. 이것을 오해하여 자기가 등불인 것을 내세우며 얼마나 밝은가를 자랑한다면 착각도 이만저만 착각이 아니다.

물론 등불은 꼭 필요한 것이다. 하지만 그 등불보다 수십만, 수백만 배 빛나는 태양이 비칠 때에는 어떻게 할 것인가? 등불로 자기를 비추려고 애쓰지 말자. 등불로 갈 길을 비추고 방향을 제시하고 사람을 분별하게 만들어야 한다. 등불로 자기를 비추면 사람들에게 방해만 될 뿐이다. 누구든지 자기 본분만 지킨다면 세상은 참 아름다워질 것이다.

묵상과 적용

1. 혹시 예수님의 영광을 가리고 서 있었던 적은 없었는가?

2. 내가 빛이 되고 싶은 충동을 느낄 때에 나는 어떻게 해야 하겠는가?

3. 내가 빛나려고 하다가 나의 그림자가 더 크고 길어진 적은 없었는가?

4. 혹시 나의 등불이 꺼져 있는 것은 아닌가?

5. 등 안에 채워야 할 기름에는 어떤 것이 있는지 생각해보자. (말씀, 성령, 실천, 섬김 등)

38. 심령의 빈익빈 부익부

들을 줄 아는 사람은 점점 풍성해지고 들으려고 하지 않는 사람은 점점 빈약해지는 것이 영성의 원리이다.

> (눅 8:18) "그러므로 너희가 어떻게 들을까 스스로 삼가라 누구든지 있는 자는 받겠고 없는 자는 그 있는 줄로 아는 것까지도 빼앗기리라 하시니라"

믿음이 좋은 성도나 지도자들 중에는 스스로 있는 줄로 아는 사람이 많다. 관념적, 종교적인 신앙의 소유자는 자기가 아는 것, 자기가 지키는 것이 자기 자신이라고 생각하기 쉽다. 그러나 그것까지도 빼앗길 날이 있으니 마음을 다해 충성하자. 주님 앞에서는 마음이 포인트이다.

마음을 비운 사람일수록 경건이 더 풍성해지는 이유는 무엇일까? 예수님의 마음을 마음껏 담을 수 있기 때문이 아니겠는가? 뭔가 자기 것으로 채워져 있으면 그만큼 예수님을 담을 수 없게 되고, 자꾸 비우는 사람은 예수님으로 자꾸만 채워지는 것이 아니겠는가? 우리의 마음은 예수님을 담는 그릇이 되어야 한다.

묵상과 적용

1. 나의 영적 수준은 어느 정도라고 생각하는가? 곧 말씀의 본질을 어느 정도 받아들이고 있는가?

2. 많이 안다고 생각하는 것이 가장 적게 아는 것이라는 말을 어떻게 받아들이겠는가?

3. 나의 내면에 예수님의 마음을 얼마나 채우고 있다고 생각하는가?

4. 예수님의 마음을 충분히 채우지 못하고 있다면 나의 내면을 무엇이 차지하고 있기 때문인가?

5. 예수님으로 채우기 위해서 내가 당장 반드시 버려야 할 것들을 순서대로 생각해보라.

39. 주님이 반갑지 않을 때

거라사인들뿐 아니라 신앙인들도 때때로 주님이 떠나가시기를 원할 때가 있다. 스스로 조심해야 한다.

(눅 8:37) "거라사인의 땅 근방 모든 백성이 크게 두려워하여 예수께 떠나가시기를 구하더라 예수께서 배에 올라 돌아가실새"

예수님의 놀라운 일을 체험했으면 예수님께 요청해서 더 머무르시면서 질병을 고쳐주시고 귀신을 쫓아주시고 말씀을 가르쳐달라고 해야 하는데, 오히려 떠나가시기를 구했다. 물질적 손실 앞에 막히면 진리도 소용이 없는 것이 인간의 욕심이다. 자기 소유, 생각, 욕심을 버리는 것이 올바른 신앙의 첫걸음이다. 신앙의 연륜이 생기면 더 버려야 하는데 더 쌓는 것은 무슨 까닭인가?

어느 정도 신앙을 가졌으면서도 무엇인가 쌓기 위해 신앙생활을 한다면 그것은 신앙이 아니지 않은가? 결국 신앙의 모든 부정적인 모습들은 물질주의, 육신주의이다. 율법주의나 신비주의도 전부 물질주의이다. 하지만 하나님의 진리는 영이 잘 되면 육은 자연히 따라온다는 것이다. 이는 팔복의 원리와도 동일하다.

묵상과 적용

1. 지금 당장 주님께서 재림하신다면 나의 마음은 기쁘겠는가 아니면 기쁘지 않겠는가?

2. 혹시 주님이 필요 없을 만큼 바쁘거나 성공적인 시기를 보내고 있는 것은 아닌가?

3. 내가 주님을 필요로 하지 않는다면 주님은 나를 위해서 무엇을 하실 수 있겠는가?

4. 혹시 주님이 필요 없는 이유가 내가 사명을 충실하게 감당하고 있기 때문인가?

5. 주님을 되찾기 위해서 내가 가장 먼저 해야 할 일은 무엇이겠는가?

40. 말하는 것이 채워지는 것이다.

비워진 곳에는 예수님으로 채워져야 온전한 자녀로 회복된다.

(눅 8:38-39上) "귀신 나간 사람이 함께 있기를 구하였으나 예수께서 그를 보내시며 이르시되 집으로 돌아가 하나님이 네게 어떻게 큰일을 행하셨는지를 말하라"

귀신이 나가면 본래의 그 사람이 회복된다. 하지만 하나님 이외의 다른 것으로 채워지면 하나님의 의도와는 전혀 다른 사람이 될 것이다. 채워지는 것이 그 사람을 결정하는 것이 아닌가? 예수님은 사람들에게 그것을 말하라고 하셨다. 비워진 것이 아니라 채워진 것을 말하는 것이다.

우리의 영을 예수님으로, 말씀으로, 기도로 채워야 한다. 이웃을 섬기는 일로, 하나님을 예배하는 일로 소화시켜야 한다. 사람의 영은 예수님으로 채워도 세상 속에서 살다가 보면 비워지는 부분이 있게 마련이다. 침범 당하게 되어 있다. 주님과 말씀으로 채워져도 그리스도인으로서 세상을 살다가 보면 소화되고 비워지게 된다. 그러므로 날마다 영의 양식과 주님과의 교제를 가져야 하는 것이다. 그리고 채워진 것을 밖으로 드러내야 한다.

묵상과 적용

1. 회개하여 비웠다고 하면서 또다시 세상의 것을 구한다면 그 이유는 무엇이겠는가?

2. 나의 입에서 예수님에 관해서 하루에 얼마나 이야기를 하는가? 내가 얼마나 채워져 있는가를 말하는 것이다.

3. 혹시 예수님을 빙자해서 자기를 자랑하거나 남에게 보이려고 하는 부분은 없는가?

4. 혹시 예수님으로 채워져 있던 때가 3년 전 또는 5년 전의 일은 아닌가? 지금 예수님으로 채워져 있어야 한다.

5. 날마다 예수님으로 채워지기 위해서 나는 주로 어떤 것을 행하고 있는가?

41. 자기 채움과 전도

무일푼전도는 복음을 전함에 있어 오로지 하나님만을 믿고 나아가는 위대한 전도방식이다.

(눅 9:6) "제자들이 나가 각 마을에 두루 다니며 곳곳에 복음을 전하며 병을 고치더라"

지금 이렇게 전도한다면 얼마나 열매가 있을까? 복음에 대해서는 모르는 사람이 거의 없을 정도이다. 그리고 병을 고치는 표적도 심령받이 길가와 같은 경우가 많아서 잘 나타나지도 않는다. 한시적이기는 하지만 과연 한 푼도 안 가지고 전도할 때 주님께서 어떻게 역사해주실지 궁금해진다.

하지만 본문에서 예수님의 초점은 전도 자체가 아닌 것 같다. 물론 그렇게 전도하여 하나님의 권능을 체험하고 예수님을 따르는 사람들이 많았을 것이다. 하지만 목표는 바로 제자들 자신이었다. 전도하면서 경험했던 하나님의 권능의 임재와 귀신들의 패배는 후에 순교신앙의 골격이 되었을 것이다.

묵상과 적용

1. 전도하다가 성령님의 능력이 나타난 적이 없었는지 이야기해보라.

2. 모든 표적은 어떻게 할 때 가장 크게 나타나는가? 무엇에 순종할 때인가?

3. 주께서 제자들에게 전도를 명하시는 가장 큰 이유는 무엇이었는가?

4. 전도할 때 가장 필요로 하는 것은 무엇이겠는가? 제자들은 왜 아무 것도 가지고 가지 않았는가?

5. 제자들이 얻은 가장 큰 유익은 무엇이었는가? 무엇으로 채우게 되었는가?

42. 순종의 기적

순종은 온전히 순종할 때 놀라운 능력을 나타낸다.

> (눅 9:14-15) "이는 남자가 한 오천 명 됨이러라 제자들에게 이르시되 떼를 지어 한 오십 명씩 앉히라 하시니 제자들이 이렇게 하여 다 앉힌 후"

예수님의 지시에 제자들이 그대로 순종하는 것은 아름다운 일이고, 제자들의 말을 따라 오십여 명씩 자리를 잡은 사람들도 예수님을 믿었기 때문에 가능한 일이었다. 온전한 순종이 없었다면, 예를 들어 사람들을 50여 명씩 나누어 앉히라고 할 때 제자들이 투덜거린다거나 팔짱끼고 바라만 본다든가 하면 기적은 일어날 수 없다. 비록 의구심은 가질 수 있을지 몰라도 기꺼이 순종했던 것이다.

또한 모여 있는 무리들도 제자들의 권면을 받아 그룹지어 앉는 것을 거부하고 자기들 멋대로 앉는다거나 했다면 예수님은 기적을 베풀지 않으셨을 것이다. 아니 기적을 베푸실 수 없었을지도 모른다. 하나님은 온전한 것을 원하신다. 하나님의 기적은 우리의 믿음이 순간적일지라도 100% 믿음을 보여드릴 때에 임하는 것이다. 그런데 순종도 자기 마음대로 할 수 있는 것은 또 아니다.

묵상과 적용

1. 예수님은 100% 순종하여 십자가에 달리셨다. 나는 말씀에 얼마나 순종하고 있다고 생각하는가?

2. 일상의 삶에서 사람이나 조직에게가 아니라면 어디에 순종해야 하는 것인가?

3. 혹시 순종함으로써 하나님의 기적적인 응답을 경험한 적이 있었는가?

4. 도대체 무슨 일이 일어날지 전혀 알 수 없을 때 무조건 순종해본 적이 있었는가?

5. 여태까지 하나님께 100% 순종해본 적이 얼마나 되겠는가?

43. 십자가의 결말

자기 십자가를 지고 가는 목표지점은 스스로를 버리고 낮추고 죽이는 현장이다.

(눅 9:23-24) "또 무리에게 이르시되 아무든지 나를 따라오려거든 자기를 부인하고 날마다 제 십자가를 지고 나를 따를 것이니라 누구든지 제 목숨을 구원하고자 하면 잃을 것이요 누구든지 나를 위하여 제 목숨을 잃으면 구원하리라"

십자가를 예수님의 속죄나 짊어지고 가야 할 사명의 상징으로 보는 것이 아니라 여기에서는 십자가 처형을 뜻한다. 그래서 곧바로 목숨에 대해서 말씀하시는 것이다. 목숨이란 인생, 생명 자체를 말하는 것이다. 십자가를 진다는 것은 처형당하러 간다는 의미이다. 그것은 온갖 고통을 당해야만 한다는 의미이다. 여태까지 이런 개념을 말한 것을 본 적이 없다.

우리는 십자가를 져야 하고 죽음의 현장으로 가야 한다. 인생의 결국은 죽음이 아닌가? 거기에 영광이 있고 거기에 기쁨이 있고 거기에 영생이 있는 것이다. 고난의 현장으로 기꺼이 가야 하기 때문에 우리에게 주님이 필요한 것이다.

묵상과 적용

1. 예수님께서 십자가에 달리셨을 때 나도 함께 죽었는가?

2. 그런데도 십자가를 다시 회피하는 것은 왜 그런 것이라고 생각하는가?

3. 나는 나에게 주신 십자가를 지고 지금 어디로 가고 있다고 생각하는가?

4. 나는 혹시 십자가를 지고 영광과 승리의 자리로 향하고 있는 것은 아닌가?

5. 나는 지금 죽으러 가고 있는가 아니면 더 잘 사는 길로 가고 있는가? 죽는 길이 승리의 길이다.

44. 이 땅의 하나님 나라

하나님의 나라는 천상의 교회가 지상에서 펼쳐지는 것이며, 지상의 교회는 천상으로 가는 과정이어야 한다.

(눅 9:27) "내가 참으로 너희에게 이르노니 여기 서 있는 사람 중에 죽기 전에 하나님의 나라를 볼 자들도 있느니라"

오순절 성령강림을 체험한 제자들이 바로 하나님의 나라를 본 사람들이다. 또는 스데반이 죽기 전에 하늘나라를 본 것일 수도 있다. 하나님의 나라는 성령님이 역사하시는 나라이다. 목적으로서의 행함과 실천 같이 무엇을 함으로써가 아니라 성령님께 마음과 삶을 비워드렸을 때 자연스럽게 나타나는 행함과 실천을 통해서 임하는 결과이다.

믿음의 결과로서의 행함과 실천은 하나님의 통치 가운데에서만 가능하다. 하나님의 통치를 받는 지상천국이 바로 교회이고 가정이고 삶의 현장이어야 하는 것이다. 그리고 그곳은 천상으로 가는 관문임과 동시에 지상에 천국을 나타내 보여주는 현장이어야 하는 것이다. 그 현장의 중심이 바로 교회이다.

묵상과 적용

1. 내가 서 있는 곳은 하나님의 나라인가? 아니면 단지 지상의 한 장소인가?

2. 나는 하나님의 나라를 체험하고 본 적이 있는가? 언제 어디에서 보았는가?

3. 내가 하나님의 나라를 체험한 적이 있었다면 무엇으로 인하여 그렇게 느꼈는가? 성공 때문은 아니었는가?

4. 혹시 실패한 후에 하나님의 나라를 경험한 적은 없었는가?

5. 나는 이웃들에게 하나님의 나라를 어떻게 보여주었는가? 그런 적이 없었다면 앞으로 어떻게 보여줄 생각인가?

45. 전도의 능력

전도에 최선을 다하면 전도의 열매와 함께 다른 많은 능력도 주신다.

(눅 9:40) "당신의 제자들에게 내쫓아 주기를 구하였으나 그들이 능히 못하더이다"

열두 제자가 전도를 다닐 때에는 귀신들을 제어할 수 있었는데 돌아와서는 이런 권능을 잃어버렸다. 이후 70인의 제자들이 전도하러 떠날 때에 다시 권능을 주셨다. 하나님의 일은 믿고 담대하게 발걸음을 내디딜 때에 권능을 주신다.

물론 그렇다고 매일 전도만 하라는 뜻은 아니다. 다만 전도에 초점을 맞출 수 있어야 한다. 우선은 그리스도의 이름으로 이웃에게 베풀고 섬기는 삶이어야 하지만, 그러한 베풂이나 섬김도 결국 그 사람의 영혼을 위한 일이라는 사실을 한시라도 잊으면 안 된다. 목적은 구원이다. 다른 모든 일은 구원을 위한 통로들인 것이다. 이런 사실을 무시하거나 망각한다면 예수님의 제자라고 할 수는 없는 것이다. 그런 삶을 살 때 하나님은 다른 권능도 주시고 세상에서 승리하게 해 주시는 것이다.

묵상과 적용

1. 똑같은 제자들인데 귀신이 나갈 때가 있었고 그렇지 못할 때가 있었다. 무슨 차이였는가?

2. 나는 한 영혼을 위해 얼마나 기도했고 얼마나 많이 노력해 왔는가?

3. 나는 전도하다가 영적으로 혹은 인간적으로 훼방을 받은 적이 없었는가?

4. 은사는 하나님께서 필요할 때 주시는 선물이다. 나는 전도할 때 성령님의 은사를 경험한 적이 있었는가?

5. 여태까지 아무런 은사도 나타나지 않은 이유는 무엇이라고 생각하는가?

46. 주의 길을 예비하라.

내가 있는 자리는 나를 앞서 보내심으로써 주께서 가시는 길을 예비하시는 자리이다.

(눅 10:1) "그 후에 주께서 따로 칠십 인을 세우사 친히 가시려는 각 동네와 각 지역으로 둘씩 앞서 보내시며"

예수님은 앞으로 가려는 방향으로 제자들을 보내셨다. 내가 방향을 알 수 없는 곳으로 가게 하셔도 그곳은 주님께서 앞으로 가시려는 곳이다. 생각해보라. 주님께서 가시는 곳에 하나님의 일꾼을 먼저 보내지 않으시겠는가?

새로운 길을 개척하기를 잘 하는 사람이 있고, 앞장서기를 잘 하는 사람이 있고 옆에서 보조를 잘 맞추는 사람도 있고 찬성하고 따라가기를 좋아하는 사람도 있다. 어떤 기질과 성향인가와는 관계없이 지도자들은 주님께서 가실 길을 가는 사람들이다. 마치 세례 요한의 선포와 같이 주의 길을 곧게 하라고 부르심 받은 사람들이다. 이들은 주께서 곧 뒤따라오신다는 믿음으로 담대하게 하나님의 일을 전파할 수 있어야 한다.

묵상과 적용

1. 나는 지금 주님을 위하여 어떤 일을 하고 있는가?

2. 지금 나의 일에 주님께서 아직 임하지 않으시는 것 같은 것은 무엇 때문이겠는가?

3. 아직 주님께서 역사하지 않으시는 것 같으면 내가 해야 할 일은 무엇이겠는가?

4. 나는 주님의 일꾼이 맞는가? 그렇다면 주님께서 오시기 전인데도 왜 먼저 가려고 하고 있는가?

5. 혹시 주님과는 전혀 관계없는데도 스스로 주님의 일이라고 결정해버리지는 않았는가?

47. 이리 가운데 어린 양

이리 가운데 어린 양을 보낼 때 양의 무기는 도망치는 다리가 아니라 성령의 권능이다.

(눅 10:3-4) "갈지어다 내가 너희를 보냄이 어린 양을 이리 가운데로 보냄과 같도다 전대나 배낭이나 신발을 가지지 말며 길에서 아무에게도 문안하지 말며"
(눅 10:17) "칠십 인이 기뻐하며 돌아와 이르되 주여 주의 이름이면 귀신들도 우리에게 항복하더이다"

주님은 어린양을 이리 가운데 보내실 때 어떤 무기 혹은 보호장구를 주실까? 그 무기는 바로 전대나 배낭이나 신발을 가지고 가지 '않는' 것이다. 그것은 오로지 만군의 왕이신 예수님만을 의지하는 것이다. 곧 예수님 자신이 무기이다. 그리고 병자를 고치고 귀신을 쫓아내고 말씀을 선포하는 능력을 주셨다. 하나는 주님만을 의지하는 믿음이며 다른 하나는 능력을 주시는 주의 이름이다. 거지전도는 전적으로 주님만을 의지하는 훈련이다.

묵상과 적용

1. 나는 지금 영적으로 어떤 환경에 있는지 진지하게 생각해본 적이 있는가?

2. 이리 가운데로 가는 어린 양과 같은 것이 우리들이라면 우리에게 가장 긴급하게 필요한 것은 무엇이겠는가?

3. 나는 무슨 일이든지 주님의 일을 할 때 가장 먼저 무엇을 준비하는가?

4. 가장 먼저 주님을 찾더라도 주님께서 파송하셨는지를 어떻게 알 수 있는가? 주님께서 보내셔야 동행하신다.

5. 주님께 모든 것을 완전하게 맡겼던 경험이 있다면 지금은 왜 그렇게 맡기지 못하는가?

48. 진실한 평안

'평안할지어다'는 내가 당장 굶어죽을 것 같은 상황에서도 상대를 축복하는 것이다.

> (눅 10:5-6) "어느 집에 들어가든지 먼저 말하되 이 집이 평안할지어다 하라 만일 평안을 받을 사람이 거기 있으면 너희의 평안이 그에게 머물 것이요 그렇지 않으면 너희에게로 돌아오리라"

평안의 말이나 축복의 말은 절대 손해나지 않는 장사이다. 왜냐하면 상대방이 내 축복을 받아들이면 그대로 이루어져서 좋고 만약에 받아들이지 않으면 나에게 그대로 돌아와서 좋기 때문이다. 그리스도인은 항상 축복의 말, 평안의 말, 격려의 말, 칭찬의 말을 많이 해야 한다.

하지만 그저 가벼운 마음으로 성의 없이 건성으로 해서는 안 된다. 제자들은 지금 돈도 배낭도 가지지 않고 복음을 전하는 중이어서 그만큼 진정성과 절박함이 있는 상태라는 것을 생각해야 한다. 신앙인의 모든 언행이 그래야 하지만 그리스도의 이름으로 평안, 곧 구원이 임하기를 간절하고 진실한 마음으로 선포하는 것이어야 한다.

묵상과 적용

1. 아무 것도 없는 마지막 상황과도 같은 경험이 있었는가?

2. 그럴 때 나의 마음상태는 어땠었는가?

3. 모든 것을 포기한 것과 같은 상태에서 세상을 향한 나의 마음의 변화를 생각해보라.

4. 진실한 평안의 축복은 나의 마음이 어떤 상태였을 때 가능해지겠는가?

5. 모든 이웃과 형제들에게 그런 온전한 평안을 진실한 마음으로 축복해보라.

49. 용서를 위한 싸움

용서와 사랑을 위해 반드시 싸워야 할 때도 있는 법이다.

(눅 10:19) "내가 너희에게 뱀과 전갈을 밟으며 원수의 모든 능력을 제어할 권능을 주었으니 너희를 해칠 자가 결코 없으리라"

원수를 무조건 사랑하라고 하시지만, 무작정 당하라는 것이 아니라 사랑을 보여주기 위하여 행하라는 것이다. 진리를 훼손하려는 시도나 공격이 온다면 당연히 싸워야 한다. 잊지 말아야 할 것은 우리가 이기기 위해서가 아니라 하나님의 능력을 드러내기 위한 싸움이어야 한다는 것이다.

하지만 그 싸움은 세력의 싸움이거나 숫자의 싸움은 아니다. 직접적인 도전에 대항하여 싸워야 하지만 그 방식은 하나님의 능력에 의존하는 싸움이어야 한다. 그 싸움은 회개의 싸움이어야 한다. 내가 먼저 하나님 앞에 세워져야 하는데 그렇지 않으면 그냥 세력싸움밖에는 안 되기 때문이다. 세상 사람들이라면 당연히 그렇게 하겠지만 그리스도인들은 하나님께서 싸우시는 것이어야 하기 때문이다. 이스라엘의 전쟁처럼 직접 전투를 벌이되 하나님의 능력에 의존해야 하는 것이다.

묵상과 적용

1. 나는 영적 싸움을 싸울 때 스스로가 싸워서 이기기를 힘쓰는가? 하나님을 의지하기 위한 싸움은 아니겠는가?

2. 이웃과의 관계에 있어서 만날 수 있는 영적 싸움은 무엇을 위한 싸움이겠는가? 용서를 위한 싸움이 아니겠는가?

3. 세상 속에서 교회가 공격을 받을 때 올바른 영적 싸움은 어떻게 하는 것이겠는가? 숫자나 무력으로 하는 것인가?

4. 마귀가 어떻게 하든지 그리스도인을 훼방하려는 것은 주로 어떤 것이겠는가? 마귀는 인간적인 싸움을 오히려 격려한다.

5. 그렇다면 마귀가 가장 싫어하는 것은 무엇인가? 나는 마귀가 가장 싫어하는 것을 행하는가? 그것은 용서이다.

50. 필요할 때까지

선한 이웃은 이웃의 입장에 서서 이웃의 마음을 알고 이웃이 되어주는 사람이다.

(눅 10:33-35) "어떤 사마리아 사람은 여행하는 중 거기 이르러 그를 보고 불쌍히 여겨 가까이 가서 기름과 포도주를 그 상처에 붓고 싸매고 자기 짐승에 태워 주막으로 데리고 가서 돌보아 주니라 그 이튿날 그가 주막 주인에게 데나리온 둘을 내어 주며 이르되 이 사람을 돌보아 주라 비용이 더 들면 내가 돌아올 때에 갚으리라 하였으니"

사마리아 사람은 강도 만나 거의 죽게 된 사람을 하룻밤 동안 돌보아주었다. 내가 할 수 있는 데까지가 아니라 상대가 필요할 때까지 돌보는 것이 섬김의 기본자세이다. 제사장도 바리새인도 섬김의 자세를 가지지 못했다.

긍휼이란 상대방의 입장에서 문제를 바라보는 마음이다. 하지만 그것 가지고는 부족하다. 내가 상대방의 입장에 서는 것이라면 결국 무엇인가? 그것은 도움을 줄 때에는 내가 상대방이 되는 것이다. 그 사람의 입장이 아니라 그 사람 자신이 된다면 긍휼이나 도움은 나 자신을 돕는 것이다.

묵상과 적용

1. 누군가가 나의 도움이 필요할 때 끝까지 도와주고 해결해준 적이 있는가? 없었다면 가족에게는 어땠는가?

2. 자기 자신과 같이 이웃을 사랑하라는 말씀을 가족들과 연결하면 어떤 말씀이 되겠는가?

3. 이웃을 자기 자신처럼 사랑해야 하는 근본적인 근거는 어디에 있겠는가? 예수님을 생각해보라.

4. 나는 바리새인이나 제사장에 속하는 사람인가? 아니면 어떤 사마리아 사람인가?

5. 지금 나를 필요로 하는 어떤 사람이 있는가? 그 한 사람이 나를 필요로 할 때까지 사랑하고 싶은 마음이 있는가?

51. 성령을 위한 부르짖음

성령 충만은 기도하면 주시는 당연한 선물이 아니라, 구하고 찾고 두드리며 간절하게 기도할 때 주시는 최고의 선물이다.

(눅 11:9-10) "내가 또 너희에게 이르노니 구하라 그러면 너희에게 주실 것이요 찾으라 그러면 찾아낼 것이요 문을 두드리라 그러면 너희에게 열릴 것이니 구하는 이마다 받을 것이요 찾는 이는 찾아낼 것이요 두드리는 이에게는 열릴 것이니라"

(눅 11:13) "너희가 악할지라도 좋은 것을 자식에게 줄 줄 알거든 하물며 너희 하늘 아버지께서 구하는 자에게 성령을 주시지 않겠느냐 하시니라"

구하는 사람에게 반드시 주시는 성령은 좋은 것들 중에서도 최상의 선물이다. 성령 받지 못하면 영이 죽은 것이니 영에 생명을 주시는 성령은 가장 좋은 선물임에 틀림이 없다. 아니, 받지 않으면 큰 일 나는 선물이다. 그런데 성령을 받기 위하여 구하고 찾고 두드리라고 하신다. 성령을 생명으로 알아야 하며 엄청나게 귀한 분으로 여겨야 한다.

묵상과 적용

1. 내가 긴급할 때 구하고 찾고 두드린 적이 있었는가? 그것은 무엇을 위해서였는가?

2. 나는 성령 충만을 위하여 그토록 간절하게 구하고 찾고 두드린 적이 있었는가?

3. 성령 충만을 위해 그토록 간절하게 기도하지 않았다면 그 이유는 무엇인가? 나의 우선순위는 무엇인가?

4. 모든 구할 것 위에 가장 먼저 간구해야 할 것은 무엇이라고 가르치는가?

5. 그렇다면 내가 성령을 그토록 간절하게 구해야 하는 이유는 무엇이겠는가?

52. 지킴으로 누림

누리기 위해서 지켜야 하지만 지킴으로써 누리는 것에서 더 나아가 지키는 것이 곧 누리는 것이어야 한다.

(눅 11:20) "그러나 내가 만일 하나님의 손을 힘입어 귀신을 쫓아낸다면 하나님의 나라가 이미 너희에게 임하였느니라"

이미 우리에게는 하나님의 나라가 임해 있다. 남은 일은 이미 임한 하나님의 나라를 누리는 것이다. 하나님의 나라를 누리려면 하나님 사랑과 이웃사랑이라는 예수님의 계명을 지키는 수밖에 없다. 지키는 것이 누리는 것이라는 말이 아니라 지킴으로써 누릴 수 있다는 말이다. 지키지 않으면 누릴 수 없다. 음식을 먹지 않으면 그 맛을 알 수 없는 것과 같은 이치이다.

하늘의 보화도 하늘에만 쌓아두는 것은 아니다. 하늘의 보화를 이 땅에서 누리지 못한다면 어쩌면 그 보화는 공허한 것이 될 수도 있다. 하늘의 보화는 이 땅에서 주님과 함께 누릴 수 있는 것이다. 주의 일은 하면 할수록 어려운 것이 아니라 즐거운 것이 되어야 한다. 그것이 누리는 것이다.

묵상과 적용

1. 나의 심령 가운데에는 하나님의 나라가 얼마나 이루어지고 있는가?

2. 혹시 단지 지키는 것에만 묶여 있는 것은 아닌가? 지키는 것은 사명이기 이전에 하나님의 나라를 누리는 방식이다.

3. 나는 지금까지 하늘에 보화를 얼마나 쌓아두고 있다고 생각하는가?

4. 내가 주님의 사랑으로 이웃을 사랑하는 일에 대한 보화는 어디에 쌓여있겠는가? 혹시 내가 그 보화인 것은 아니겠는가?

5. 지키지 않으면 누릴 수 없다는 말은 지금 나 자신에게는 어떻게 적용되어야 하겠는가?

53. 보는 것이 영성이다.

몸의 등불은 꼭 어떤 특별한 일을 하지 않아도 어둠 속에서 빛나게 되어 있다.

(눅 11:34) "네 몸의 등불은 눈이라 네 눈이 성하면 온 몸이 밝을 것이요 만일 나쁘면 네 몸도 어두우리라"

성도는 예수님의 시각을 가지고 예수님이 바라보시는 곳을 예수님의 시선으로 바라보며 예수님이 계신 곳에 함께 있어야 한다. 그럴 때 우리 눈은 성하고 온몸이 밝아질 뿐 아니라 세상을 밝힐 수 있게 된다. 말하자면 눈이 밝은 것은 주님의 빛으로 밝아지는 것이다.

우리의 눈이 등불이라면 예수님의 시선으로 바라보는 곳은 밝아질 것이고, 우리의 이기적인 시선으로 바라보는 곳은 어두워질 것이다. 눈이 성하다는 말씀은 그리스도인으로서 바라보아야 할 곳을 바라본다는 뜻이다. 눈이 나쁘다는 뜻은 시력이 안 좋다는 이야기가 아니라 바라보아야 할 곳을 바라보지 못하는 상태를 이야기하는 것이다. 똑같이 세상을 바라보아도 예수님의 시선으로 바라보면 다른 사람이 볼 수 없는 것을 보게 되어 있다.

묵상과 적용

1. 나는 과연 어떤 눈을 가지고 있는가? 단지 나 자신의 눈인가, 아니면 예수님의 눈인가?

2. 나는 예수님의 눈으로 등불의 기능을 얼마나 빛나게 행하고 있는가?

3. 내가 오직 예수님의 눈으로 이웃을 바라보지 못하는 것은 무엇 때문이겠는가?

4. 타인의 시각에서 볼 때 사람들은 나에게서 그리스도의 빛을 얼마나 발견하고 있겠는가?

5. 이웃들이 나의 등불을 잘 인식하지 못하게 만드는 이유는 무엇이겠는가?

54. 내 속의 빛

영적인 빛의 밝기가 그 사람의 영성이다. 말씀의 빛의 밝기가 그 사람의 신앙의 수준이다.

(눅 11:35) "그러므로 네 속에 있는 빛이 어둡지 아니한가 보라"

내 속에 빛이 있는데 얼마나 밝은지 모르겠다. 더 이상 어두워지지 않고 더 밝아지기 위해 애쓰고 있다. 살아있는 말씀으로 채워야 한다. 생명력 있는 말씀으로 쌓여야 한다. 그렇지 않으면 아무리 좋은 성경 말씀이나 수준 높은 신학사상이라고 할지라도 속에서 빛을 낼 수가 없다.

지금 교회에는 이것이 필요하다. 말씀은 말씀인데 생명력 있는 말씀이어야 한다. 말씀이 소화되어야 한다. 말씀에 순종하고 복종해야 빛이 난다. 지식으로만 혹은 배움으로만 채워져서는 빛이 될 수 없다. 그 말씀이 순종으로 체험이 되어야 빛이 난다. 순종 없는 말씀은 죽음 말씀이다. 마치 씨앗이 심겨져야 싹을 내는 것과 똑같다. 심는 것이 생명력을 이끌어내게 되는 것이다. 싹을 내지 못하면 빛을 발할 수 없다.

묵상과 적용

1. 내가 소유하고 있는 말씀은 세상에서 얼마나 빛의 기능을 감당하고 있는가?

2. 내가 소유하고 있는 말씀은 얼마나 생명력 있는 말씀인가? 곧 얼마나 말씀대로 살고 있는가?

3. 내가 소유하고 있는 말씀은 과연 하나님의 마음의 본질을 느끼고 있는 내용인가?

4. 왜 내가 인식하고 있는 말씀과 사람들이 판단하는 말씀에는 차이가 있는가?

5. 세상의 빛이 되는 말씀이 되기 위해서 내가 가장 먼저 해야 할 일은 무엇이겠는가?

55. 등불의 주체

신앙인은 발광체가 아니라 빛이 가장 효과적으로 비칠 수 있도록 깨끗하게 만든 반사체이다.

(눅 11:36) "네 온 몸이 밝아 조금도 어두운 데가 없으면 등불의 빛이 너를 비출 때와 같이 온전히 밝으리라 하시니라"

심령이 밝으면 마치 등불을 비춰 반사되는 것과 같이 스스로 빛나는 존재가 될 수 있다. 마음이 청결하면 천국을 볼 수 있다고 하셨는데, 숨기는 것이 없고 순수한 마음이 그대로 보이면 세상에서 빛의 역할을 감당할 수 있다. 세상의 지혜는 자기를 비추는 것이지만 그리스도인은 하나님을 비추는 것이어야 한다.

주님의 빛이 나의 인생을 비추었고 온몸을 비추고 있고 심령을 밝게 만들었다. 이기심이나 욕심이나 성공에 대한 욕구로 채워지면 그 빛이 어두워지기 시작한다. 번영이나 명예나 권세를 외면하고 주의 말씀을 받고 순종하고 체험하면 그 빛이 점점 밝아지기 시작한다. 겉으로 커지고 유명해지고 많아지고 높아지는 것으로는 빛을 비출 수가 없다. 그런 것들이 주님의 빛을 가려버리기 때문이다.

묵상과 적용

1. 하나님의 빛이 나의 심령을 통하여 세상에 드러나고 있는가?

2. 그러면 지금 하나님의 빛이 나에게 비추이면 그 빛이 세상에 반사될 만큼 맑은 상태인가?

3. 반사체로서의 나의 심령이 하나님을 그대로 비추이지 못한다면 무엇이 그렇게 더럽게 만들었는가?

4. 혹시 성공이나 번영에 대한 욕구가 나의 심령을 더럽게 하고 있는 것은 아닌가?

5. 더러운 심령으로 계속 존재한다면 나의 영원한 미래는 어떻게 되겠는가?

56. 버림으로 깨끗해짐

심령이 깨끗해지는 법은 비우고 포기하는 것이다. 왜냐하면 비우지 않으면 썩어버리기 때문이다.

> (눅 11:41) "그러나 그 안에 있는 것으로 구제하라 그리하면 모든 것이 너희에게 깨끗하리라"

심령이나 마음이 깨끗해지는 방법은 자기의 것으로 많이 구제하는 것이다. 비우고 포기하고 낮추고 죽이는 것이다. 이렇게 하는 것이 기독교인으로서 최상의 삶을 사는 것이다. 그런데 자꾸 채우려고 하니까 교회가 비판을 받는 것이다.

사람은 자꾸 뭔가 채우려고 하고 쌓으려고 하고 높아지려고 하는데 하나님은 변함없이 버리고 비우고 낮추라고 하신다. 물론 다른 종교에서도 동일하게 가르치는 부분들이 많이 있다. 하지만 다른 종교는 비움으로 스스로가 하나님(신)이 되라고 말하지만 하나님은 비운 곳에 예수님으로 채우라고 하신다. 비우고 스스로가 신이 되면 하나님을 결코 만날 수 없고, 비우고 버림으로써 깨끗하게 만들면 하나님은 분명히 함께 동행하신다. 그리스도인은 오직 어떻게 잘 버릴까를 궁리하는 사람들이다.

묵상과 적용

1. 내가 깨끗하지 못할 만큼 가지고 있는 것들에는 어떤 것이 있는가? 물질이나 보이는 것들만은 아니다.

2. 나에게 가장 소중한 것으로는 무엇이 있는가? 주님께서 버리라고 하시면 버릴 수 있는가?

3. 마지막까지 손에 잡고 있는 것, 그것 때문에 나의 앞길이 열리지 않는 것은 아니겠는가?

4. 예수님은 모든 것으로 구제하라고 하신다. 지금 당장 나눌 수 있는 것에는 무엇이 있는가?

5. 나는 과연 심령의 깨끗함을 얼마나 중요하게 추구하고 있었는가? 이제 어떻게 해야 하겠는가?

57. 바리새인의 누룩

수만 명의 사람이 모였는데 예수님은 바리새인의 누룩을 말씀하신다. 외적인 현상에 일희일비하지 말자.

(눅 12:1) "그 동안에 무리 수 만 명이 모여 서로 밟힐 만큼 되었더니 예수께서 먼저 제자들에게 말씀하여 이르시되 바리새인들의 누룩 곧 외식을 주의하라"

수만 명의 군중이 예수님을 따라다닌 것은 그 당시의 인구로 볼 때 실로 대단한 일이 아닐 수 없다. 그러므로 이스라엘 지도자들이 자기들 권력에 위협을 느끼고 예수님을 십자가에 못 박은 것이다. 마치 '사울은 천천이요 다윗은 만만'이라는 말에 다윗을 쫓기 시작한 사울처럼.

수만 명의 사람들 대 바리새인들의 대결구도가 순수하고 진실한가와 욕심스럽고 거짓인가의 구도로 바뀌었다. 차라리 자기방어보다는 완전한 내려놓기가 그리스도인의 삶의 모습이어야 한다. 자기를 방어하기 위해 싸우면 싸울수록 위선이 되기 쉽다.

묵상과 적용

1. 나의 위선적인 모습을 발견할 때는 어떤 때였는가?

2. 예수님의 말씀에 의하면 많은 사람들이 칭찬하고 따를 때 나는 어디에 빠지기 쉽게 되겠는가?

3. 그런데도 나는 왜 성공과 번영과 영광을 추구하고 있는가?

4. 성공하고 번영할 때 바리새인의 누룩에 빠진다는 사실을 왜 깨닫지 못하는 것일까?

5. 그럼에도 불구하고 나는 성공한 사람들을 뒤쫓고 있는가? 거기에서 해방되려면 어떻게 해야 하겠는가?

58. 가장 큰 권세자

진정한 권세 있는 그분이 크게 보이면 무서워야 할 존재가 무섭지 않게 된다.

(눅 12:4-5) "내가 내 친구 너희에게 말하노니 몸을 죽이고 그 후에는 능히 더 못하는 자들을 두려워하지 말라 마땅히 두려워할 자를 내가 너희에게 보이리니 곧 죽인 후에 또한 지옥에 던져 넣는 권세 있는 그를 두려워하라 내가 참으로 너희에게 이르노니 그를 두려워하라"

눈에 보이는 권력자들을 우선 두려워하게 되고 보이지 않는 하나님은 잠시 잊어버리고 두려워하지 않게 되는 것이 인간의 일차적인 모습이다. 하지만 우리는 하나님께 대하여 큰 경외심과 두려움을 가지고 있어야 한다. 왜냐하면 하나님께 대해 큰 두려움을 가지고 있을수록 세상의 두려움은 작아보이게 되기 때문이다.

권력자들에 대한 두려움을 이겨내려면 그보다 영원한 권세를 가지신 하나님을 더욱 크게 두려워해야 한다. 사랑의 하나님이신 것은 분명하지만 심판 때에는 전혀 자비가 없으신 하나님이시라는 사실도 알고 있어야 한다.

묵상과 적용

1. 지금 나에게 있어서 실질적으로 가장 큰 권세는 어디에 있다고 생각하는가?

2. 혹시 현실이라는 권세를 이기지 못하고 허우적거리고 있는 것은 아닌가?

3. 만약에 그렇다면 본문 말씀에 비춰볼 때 그 근본적인 이유는 무엇인가?

4. 하나님을 두려워하는 모습을 보일 때 사람들에게는 일시적으로 어떻게 비쳐지겠는가?

5. 사람들을 두려워하지 않고 끝까지 그것을 이길 수 있는 근거는 무엇인가?

59. 쓸데없는 기도

우리가 하지 말아야 할 것은 세상의 이익을 위한 기도이다. 예수님은 세상의 재판장이 아니시다.

(눅 12:14) "이르시되 이 사람아 누가 나를 너희의 재판장이나 물건 나누는 자로 세웠느냐 하시고"

유산이나 보상금 같은 것을 나누거나 더 받게 하는 일에 예수님은 전혀 관심이 없으시다. 오히려 더 받으려고 애쓰지 말라고 가르치신다. 세상에서 일어나는 모든 일은 예수님께서 재판하시는 것이 아니다. 재판을 하신다면 우리의 심령, 우리의 마음, 우리의 영을 재판하신다.

꼭 욕심이 아니라도 세상 것에 손해 보는 것 같은 느낌이 미끼가 되어 물질적인 문제에 넘어갈 수 있다. 유산상속이든 이윤배당이든 그것을 더 차지하려고 기도까지 한다면 그것은 신앙도 아니고 아무 것도 아니다. 하나님은 그런 기도에는 관심도 없으시고 듣지도 않으신다. 어떻게 보면 사업의 성공을 위한 기도도 마찬가지이다. 하나님은 성도의 고통에 귀를 기울이시지만 물질 자체에는 귀를 닫으신다. 우리는 쓸데없는 기도를 너무 많이 한다.

묵상과 적용

1. 혹시 이 사람처럼 유산을 더 받기 위한 기도와 같은 기도를 하고 있는 것은 아닌가?

2. 이 세상의 것을 더 얻기 위한 기도는 왜 하나님의 응답을 받지 못하는가?

3. 지금 당장 기도가 필요한 것은 막혀있는 문제인가, 아니면 나의 영성 또는 다른 사람의 구원인가?

4. 지금까지 얼마나 많은 나의 기도가 이 사람의 기도와 같은 것이었는가?

5. 이 세상의 것이 무엇이든 하나님의 일이 아닌 것에 대한 기도를 온전하게 멈출 수 있겠는가?

60. 어리석은 부자들

하늘의 지혜는 보이는 것에 현혹되지 않고 오직 보이지 않는 말씀의 세계를 따라가는 것이다.

(눅 12:20) "하나님은 이르시되 어리석은 자여 오늘 밤에 네 영혼을 도로 찾으리니 그러면 네 준비한 것이 누구의 것이 되겠느냐 하셨으니"

부자는 대개 세상에서는 지혜로워 돈을 많이 벌고 높은 자리에 앉게 되지만, 하늘에서는 아주 어리석어서 하나님께 대하여 지극히 가난한 사람들일 가능성이 크다. 세상에서 똑똑하고 지혜로워 많이 소유한 사람을 부러워할 필요가 없다. 그들은 대개 하나님이 필요 없는 사람들일 것이다.

물론 물질이 필요 없는 것은 아니다. 물질은 항상 모자라는 것이기 때문이다. 그리고 대다수가 물질 때문에 어려움을 당하기 때문이다. 다만 그 모든 것을 하나님께 의지하라는 것이다. 돈이 많다고 해서 물질이 우상화되는 것도 아니고 돈이 없다고 해서 물질이 우상화되지 않는 것도 아니다. 돈이 많든 적든 말씀으로 채워지지 않으면 돈은 언제라도 우상이 될 수 있는 것이다.

묵상과 적용

1. 나는 물론 하나님의 나라를 꿈꾸는 사람이다. 그렇다면 왜 이 세상의 것에 집착하고 있는가?

2. 그리고 왜 부자들을 부러워하고 그들처럼 물질의 풍요를 바라고 있는가?

3. 물질을 통하여 하나님의 일을 추구하지만 내 속에는 그것을 누리려는 마음이 얼마나 존재하는가?

4. 혹시 물질을 가지고 다른 사람들에게 영향력을 끼치고 지배하려는 욕심이 들어있지는 않는가?

5. 혹시 성공, 성취를 지나치게 추구함으로써 하나님이 필요 없는 상태는 아닌가?

61. 그의 나라

예수님께서 가르치신 나라가 그의 나라이다. 구약의 모든 말씀은 예수님께서 전부 성취하셨기 때문이다.

(눅 12:31) "다만 너희는 그의 나라를 구하라 그리하면 이런 것들을 너희에게 더하시리라"

하나님의 나라가 이 땅에 이루어지기를 갈망하고 어떻게 할 것인가를 연구하고 자기 것으로 구제하고 하나님 나라의 모델을 제시하려는 삶을 살면 이 땅에서 필요한 모든 것을 다 주신다. 내가 있는 곳이 작은 곳이라도 하나님의 나라가 성취되기를 기도해야 한다. 그 나라는 내가 비워져야 오는 나라이다.

하나님의 의와 그의 나라를 추구하면 두 가지 큰 유익을 주신다. 첫 번째는 하나님의 의와 하나님의 나라를 주신다. 우리는 의롭지 못하지만 하나님의 의로 우리를 덧씌워주시고, 세상이 지배하는 나라에서 하나님께서 통치하시는 나라로 바뀐다. 두 번째는 세상에서 필요한 조건을 더하여 주신다. 그리스도인으로서 삶에 필요한 모든 것을 그의 나라 위에 덤으로 주시는 것이다.

묵상과 적용

1. 하나님의 나라는 지금 나를 얼마만큼이나 통치하고 있는가?

2. 늘 기도해야 하지만, 혹시 내가 잘 되는 것을 하나님의 나라라고 혼동하여 구하고 있는 것은 아닌가?

3. 내가 지금 가장 크게 구해야 하는 하나님의 나라와 그 의는 무엇인가?

4. 나는 왜 먼저 하나님의 나라를 구하지 못하고 항상 내 문제를 위해 먼저 기도할까?

5. 하나님의 나라를 구하는 제목 열 가지와 지금 당면하고 있는 문제 열 가지를 생각하고 우선순위를 기록해보라.

62. 기다림

기다림에 기대감이 빠진다면 고문 중의 고문이다. 신앙생활의 무미건조함은 굉장히 위험하다.

(눅 12:35-36) "허리에 띠를 띠고 등불을 켜고 서 있으라 너희는 마치 그 주인이 혼인집에서 돌아와 문을 두드리면 곧 열어 주려고 기다리는 사람과 같이 되라"

주인이 언제 올지 모르는데 언제라도 오면 문을 열어주려고 기다리는 종들과 같은 사람들이 우리들이다. 조마조마하면서 기다리라는 것이 아니라 단지 잠들지 않고 있으면 되는 것이다. 큰 기쁨으로 주인을 맞이할 기대감으로 충만해 있어야 한다.

그러면 어떻게 기대감을 유지할 수 있을까? 결국 실천이다. 실천이 없는 신앙생활은 무미건조하기 이를 데 없다. 말씀만으로 기대감을 가질 때도 분명히 많이 있지만 전체적으로 볼 때 순종이 따르지 않으면 어떻게 기대할 것이 생기겠는가? 물론 당연한 이야기이지만 일상적인 기도가 함께 따라야 한다. 기대감은 하나님의 일하심에 대한 소망이다.

묵상과 적용

1. 나는 과연 지금 무엇을 기다리고 있는가? 하나님의 역사인가?

2. 혹시 내가 가장 기다리는 것은 이미 내 옆에 와 있는 것은 아닌가? 주님은 이미 와 계신다.

3. 혹시 기다려야 할 것은 기다리지 않고 기다리지 말아야 할 것만 기다리고 있는 것은 아닌가?

4. 하나님의 임재를 기다리고 있다면 나는 어떤 모습으로 기다리고 있는가?

5. 주님의 역사와 임재를 기뻐하는가? 아니면 주님께서 주실 응답을 더 기뻐하는가?

63. 죄의 엄중함

죄의 성질에는 큰 죄와 작은 죄가 있으되 그 어느 죄도 절대 갚을 수 없다는 것을 알아야 한다.

(눅 12:59) "네게 이르노니 한 푼이라도 남김이 없이 갚지 아니하고서는 결코 거기서 나오지 못하리라 하시니라"

(눅 13:3) "너희에게 이르노니 아니라 너희도 만일 회개하지 아니하면 다 이와 같이 망하리라"

(눅 13:4-5) "또 실로암에서 망대가 무너져 치어 죽은 열여덟 사람이 예루살렘에 거한 다른 모든 사람보다 죄가 더 있는 줄 아느냐 너희에게 이르노니 아니라 너희도 만일 회개하지 아니하면 다 이와 같이 망하리라"

옥에 갇히면 한 푼이라도 남김없이 다 갚기 전에는 풀려날 수 없다. 죄라는 것은 누가 누구보다 더 크거나 작은 것이 아니다. 누구라도 회개하지 않으면 다 멸망할 수 있다. 죄는 다 똑같은 것이다. 모든 죄는 전부 죽음으로밖에 갚을 수 없는 것이다. 그래서 예수님의 보혈이 능력이 되는 것이다.

묵상과 적용

1. 죄 사함 받은 후의 죄에 대해서는 왜 그렇게 둔감한가?

2. 나는 나의 작은 죄에도 예민하게 반응할 만큼 영성이 성장해 있는가?

3. 그렇다면 왜 다른 사람들의 죄에 대해서는 그토록 비판적이고 무자비한가?

4. 다른 사람들의 죄를 보았을 때 나는 나 자신에 대해서 어떤 반응을 보이는가?

5. 죄를 지은 다른 사람에 대해서 용서할 마음이 있는가? 그 이유는 무엇인가?

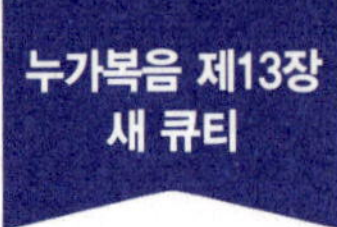

64. 죄의 책임

망대에 치어죽은 사람들, 망대를 허술하게 만든 사람들, 예루살렘 사람들은 죄에서 다 똑같다.

(눅 13:4) "또 실로암에서 망대가 무너져 치어 죽은 열여덟 사람이 예루살렘에 거한 다른 모든 사람보다 죄가 더 있는 줄 아느냐"

예수님 당시에도 대형사고가 있었다. 와우아파트, 성수대교, 삼풍백화점, 대구지하철, 세월호 같은 사고들이다. 그러나 예수님은 대형사고에 관해 인간의 죄성과 관련하여 말씀하실 뿐이었다. 인간의 죄라면 누구라도 대형사고의 희생자가 될 수 있다. 아니, 죽음 자체가 죄 때문이다.

우리는 그 사람들이 왜 죽어야 하는지를 전혀 알 수 없다. 다만 무엇을 특별히 잘못 했기 때문에 죽은 것은 아니라는 점은 분명하다. 우리는 하나님의 섭리, 하나님의 주권 아래 있는 사람들이다. 항상 겸손하게 하나님 앞에 무릎 꿇어야 하겠다. 그렇지 않고 타인의 죄를 지적한다면 참된 믿음은 아니다.

묵상과 적용

1. 나는 다른 사람이 큰 죄를 지었을 때 얼마나 일방적으로 손가락질하는가?

2. 다른 사람과 똑같은 죄는 아닐지라도 내 속에 숨어있는 죄 혹은 몰래 지은 죄를 함께 생각하는가?

3. 자기 죄를 인식해야 하는 이유는 무엇이겠는가? 그것은 하나님 앞에 어떻게 드러나야 하겠는가?

4. 성도로서 죄를 생각해야 하는 이유는 사람들과의 관계에서 어떤 심령이 되기 위해서인가?

5. 나는 얼마나 죄책감을 가지고 살고 있는가? 나는 그것은 어떻게 선한 방향으로 사용하고 있는가?

65. 안식일의 핵심

안식일은 사람을 위해 주신 것이다. 영혼, 생명을 위해서는 유연한 율법도 필요하다. 본질을 잃어버리면 껍데기만 남는다.

(눅 13:14) "회당장이 예수께서 안식일에 병 고치시는 것을 분 내어 무리에게 이르되 일할 날이 엿새가 있으니 그 동안에 와서 고침을 받을 것이요 안식일에는 하지 말 것이니라 하거늘"

만약에 회당장 자신의 딸이 귀신들려 있었다면 당장 고쳐달라고 했을 것이다. 주의 말씀을 믿는 이유는 상황에 따라 바뀌지 않는 진리이기 때문이다. 성경 말씀이 최종 권위이다. 하지만 종교전통이나 율법에 가두어버리면 그 권위는 하나님의 권위가 아니라 사람의 권위가 되어버린다.

안식일 계명의 본질은 하나님의 안식의 기준에 맞추어 그야말로 죽음처럼 쉬는 것이다. 그러나 그 쉬는 행위는 억압이 아니라 자유를 주시는 것이다. 그리고 그 쉼을 통하여 하나님과 교제하라는 것이다. 미로 속에 가두어놓듯이 이런저런 조항을 만들어 억압하게 되면 쉼도 아니고 율법도 아니다.

묵상과 적용

1. 우리가 누려야 할 안식은 하나님의 안식이다. 하나님의 안식은 한 마디로 어떤 일의 결과에서 비롯되었는가? (창 2:3)

2. 나는 주일(안식일)을 어떤 방식으로 보내고 있는가?

3. 안식일은 기본적으로는 누구와의 교제를 위한 날인가?

4. 혹시 안식일에 지나치게 오락이나 놀이 위주로 시간을 보내는 것은 아닌가?

5. 안식일에 해야 할 일과 해도 되는 일과 하지 말아야 하는 일을 스스로 구분해보라. 다만 스스로에게만 적용하라.

66. 행악자의 의미

행악자란 좁은 문이 닫힌 후에 그 문을 두드리는 사람들이다. 좁은 문으로 들어가기를 힘써야 한다.

> (눅 13:25-27) "집 주인이 일어나 문을 한 번 닫은 후에 너희가 밖에 서서 문을 두드리며 주여 열어 주소서 하면 그가 대답하여 이르되 나는 너희가 어디에서 온 자인지 알지 못하노라 하리니 그 때에 너희가 말하되 우리는 주 앞에서 먹고 마셨으며 주는 또한 우리의 길거리에서 가르치셨나이다 하나 그가 너희에게 말하여 이르되 나는 너희가 어디에서 왔는지 알지 못하노라 행악하는 모든 자들아 나를 떠나가라 하리라"

예수님은 좁은 문으로 들어가지 못한 사람에게는, 심지어 주의 일을 열심히 한 사람이라도 냉정하게 거절하신다. 그것이 행악이라니! 행악의 개념에 대해 더욱 깊이 생각하고 정말 조심해야 하겠다. 신앙으로 행한 것 같은데 그것이 행악이 될 수도 있다. 사람들에게 악하게 하지 않아도 하나님 앞에는 행악이 될 수 있는 것이다. 하나님 앞에서 한 일이라고 해서 전부 하나님이 인정하시는 것은 아니다. 중요한 것은 하나님과의 관계이다.

묵상과 적용

1. 나는 주님을 위해 한 일이라고 하면서도 사람들에게 보이려고 한 적은 없었는가?

2. 바리새인들은 행악자이다. 내 속에 바리새적인 요소가 있다면 어떤 것이겠는가?

3. 말씀을 알고는 있는데 실천하지 못한 부분이 있다면 무엇이겠는가?

4. 바리새인은 거룩한 척, 곧 외식하는 사람들이다. 나는 종교적으로 거룩한 척 한 적은 없었는가?

5. 만약에 지금 예수님이 오신다면 나는 '행악자' 쪽이겠는가, 제자 쪽이겠는가?

67. 율법의 우선순위

본질을 잃어버리고 형식에만 치중하는 것은 율법주의, 종교주의이다. 하지만 형식을 무시하면 자유주의가 된다.

(눅 14:5) "또 그들에게 이르시되 너희 중에 누가 그 아들이나 소가 우물에 빠졌으면 안식일에라도 곧 끌어내지 않겠느냐 하시니"

또 안식일 논쟁이다. 그 시대 유대인들에게는 안식일이 생명과도 같은 날이었다. 가장 중심부에 놓인 율법으로서 직접 눈에 보이는 문제이기 때문이다. 하지만 안식일이 곧 영생은 아니다. 기독교에서도 하나님 앞에 가면 아무것도 아닌 일에 목숨 거는 것과 같은 일들이 없는지 살펴보아야 하겠다. 그래서 신앙인의 가치관, 세계관, 우선순위는 굉장히 중요한 것이다.

안식일이 아무리 중요해도 질병을 고치고 생명을 살리는 일이 우선이다. 왜냐하면 안식일은 쉬는 날이기 때문이다. 고치지 않고 살려내지 않고 쉴 수는 없지 않은가? 사람을 위해 주신 안식일이 사람을 방관해서는 안 될 것이다.

묵상과 적용

1. 나는 정말로 생명의 본질 곧 그리스도 예수님을 믿고 있는가? 아니면 그냥 기독교라는 종교를 믿고 있는가?

2. 교회에서 행해지는 전통 중에서 복음의 본질에 어긋나는 모습을 보이고 있는 부분은 없는가?

3. 나는 전통과 형식에 더 치중하는가 아니면 본질적인 신앙에 더 집중하는가? 그러면 자유주의에 속하는 것은 아닌가?

4. 교파나 교단과 관계없이 신앙생활에서 가장 우선적으로 행해야 할 것은 무엇이겠는가?

5. 나는 하나님관계 중심적인가 아니면 이웃관계 중심적인가? 사실은 똑같은 말은 아니겠는가?

68. 하나님의 우선순위

신앙인의 최고의 우선순위는 하나님과의 만남이다.

(눅 14:17-20) "잔치할 시각에 그 청하였던 자들에게 종을 보내어 이르되 오소서 모든 것이 준비되었나이다 하매 다 일치하게 사양하여 한 사람은 이르되 나는 밭을 샀으매 아무래도 나가 보아야 하겠으니 청컨대 나를 양해하도록 하라 하고 또 한 사람은 이르되 나는 소 다섯 겨리를 샀으매 시험하러 가니 청컨대 나를 양해하도록 하라 하고 또 한 사람은 이르되 나는 장가들었으니 그러므로 가지 못하겠노라 하는지라"

초청받은 사람들이 잔치에 가지 않은 것은 그들이 다른 우선순위를 가지고 있기 때문이다. 잔치보다 사업, 일거리, 가정사가 더 급하고 중요하다고 느끼게 되면 잔치에 갈 이유가 없어진다. 그리스도인에게 최고의 우선순위는 예수님의 초청이다. 전 시간을 다 드려야 한다는 것이 아니라 예수님의 잔치를 중심으로 삶이 이루어져야 한다는 말이다. 최고의 우선순위를 하나님께 드려야 한다. 그러면 하나님도 우리를 최우선순위에 두신다.

묵상과 적용

1. 나의 마음은 하나님을 얼마나 우선순위에 두고 있는가?

2. 하나님 우선적이라는 말과 교회에 충성한다는 말에는 어떤 차이가 있겠는가?

3. 일상의 삶에 너무 바빠서 하나님을 외면하거나 망각하고 있는 것은 아닌가?

4. 또는 교회 일을 하면서도 사실은 하나님과 단절되어 있는 것은 아닌가?

5. 모든 경우에 하나님을 잊어버린 것과 같은 삶을 살고 있는 이유는 무엇이겠는가?

69. 제자가 되려면

제자훈련은 부모뿐 아니라 심지어 자기 스승까지 미워하게 해야 성공하는 것이다.

(눅 14:26) "무릇 내게 오는 자가 자기 부모와 처자와 형제와 자매와 더욱이 자기 목숨까지 미워하지 아니하면 능히 내 제자가 되지 못하고"

제자의 길은 험난하다. 우리나라에서 제자훈련이 성행했었고 성도의 성장에 필요한 일이지만 그것이 정말 제자 '훈련'인지는 모르겠다. 단 한 번이라도 정말로 자기 목숨까지 미워해보지 못하고 어떻게 이 말씀을 이해할 수 있으며 어떻게 제자가 될 수 있단 말인가? 실제로 제자훈련이 되도록 실천훈련이 많이 행해져야 한다. 그렇지 않으면 제자교육 또는 제자 세미나 정도가 되지 않을까 한다.

군인이 되기 위해서는 가족도 떠나고 집도 떠나야 한다. 자신이 누리거나 행하고 있던 모든 일에서 떠나야 한다. 그래야 훈련이 시작된다. 하지만 제자가 되는 일은 훈련에 그치는 것도 아니다. 집과 부모를 떠나라는 말씀은 자기중심적인 사고방식을 철저하게 버리라는 말씀이다.

묵상과 적용

1. 나는 예수님의 몇 퍼센트(%)짜리 제자이겠는가?

2. 교회생활에서 나는 얼마나 예수님을 따르고 있는가? 정말 예수님의 뜻을 따라가고 있는가?

3. 일상의 삶에서 나는 얼마나 예수님의 말씀을 따라 순종하고 있는가?

4. 예수님의 제자란 필요할 때 모든 것을 버려둘 수 있어야 하는데 나는 정말 그런 믿음을 가지고 있는가?

5. 내가 예수님의 제자답지 못하다면 그 이유는 어디에 있다고 생각하는가?

70. 높이인가, 깊이인가?

희한하게도 소유의 능력은 그 소유를 버릴 때 극대화된다.

(눅 14:33-34) "이와 같이 너희 중의 누구든지 자기의 모든 소유를 버리지 아니하면 능히 내 제자가 되지 못하리라 소금이 좋은 것이나 소금도 만일 그 맛을 잃으면 무엇으로 짜게 하리요"

소금의 역할, 짠 맛을 내기 위해서는 자기의 모든 소유를 버리고 예수님의 제자가 되어야 한다. 그렇지 않으면 버려질 수밖에 없다. 기독교가 힘을 잃어가는 것은 바로 이것이 결핍되어 있기 때문이다. 많이 가진 것, 세력으로는 결코 진정한 힘을 발휘할 수 없고 소금의 역할도 감당할 수 없다.

복음의 능력이 극대화될 때는 다수일 때가 아니고 자기를 버릴 때였다. 쌓아가기 시작하면 기독교는 힘을 잃어버린다. 교회는 성도의 많고 적음에 대해 오히려 감각이 없어져야 한다. 숫자에 신경 쓰다가 보면 버릴 것을 버리지 못하게 되기 때문이다. 사람들은 쌓아올린 높이를 바라보지만 하나님은 버린 깊이를 보고 계신다. 그 깊이만큼 소금이 쌓이기 때문이다.

묵상과 적용

1. 나는 세상에서 소금의 기능을 얼마나 감당하고 있는가?

2. 소금의 기능 중에서 부패방지의 기능을 나는 충실하게 감당하고 있는가?

3. 나는 소금의 기능 중에서 세상에 맛을 내는 일에 얼마나 헌신하고 있는가?

4. 혹시 세상의 성공이나 물질에 집착하기 때문에 소금의 역할을 감당하지 못하는 것은 아닌가?

5. 내가 소금의 역할을 감당할 수 있기 위해 버려야 할 것들에는 무엇이 있는가?

71. 짠 맛을 유지하려면

소금이 짠 맛을 잃어버리는 경우는 더러워지거나 불순물이 섞였을 때이다. 복음의 맛도 마찬가지이다.

(눅 14:34-35) "소금이 좋은 것이나 소금도 만일 그 맛을 잃으면 무엇으로 짜게 하리요 땅에도, 거름에도 쓸 데 없어 내버리느니라 들을 귀가 있는 자는 들을지어다 하시니라"

복음은 마치 소금과 같이 세상의 맛을 내며 더러워지지 않게 해야 하는데 복음이 맛을 잃으니 사람들이 복음을 짓밟고 모욕하는 일을 아무렇지도 않게 한다. 그런데 정작 기독교인들은 이런 상황을 거의 인식하지 못하고 있다.

소금은 본래 짠 맛을 잃어버릴 수가 없다. 복음도 마찬가지로 생명을 잃어버릴 수 없다. 그런데 지금 이 세상에서는 복음이 생명력을 많이 잃어버렸다. 그 맛을 잃는다는 말은 변질된다는 말과 같다. 더러운 것으로 오염되거나 다른 불순물이 많이 섞이게 되면 맛을 낼 수가 없다. 맛을 잃은 소금이 땅에 밟히듯이 생명을 잃은 복음도 짓밟히게 된다.

묵상과 적용

1. 복음은 나에게 와서 얼마나 생명력을 유지하고 있는가?

2. 복음이 복음답지 못하게 되었다면 가장 큰 이유는 무엇인가?

3. 복음이 복음답게 되기 위해서 내가 가장 먼저 해야 할 일은 무엇이겠는가?

4. 혹시 교회에서 복음의 맛을 잃어버리게 할 수도 있는 일에 대해 생각한 적이 있는가?

5. 교회 안에만 갇혀 있는 듯한 현상이 복음의 맛을 버리게 하지는 않았는가?

72. 경제와 믿음

생활은 경제를 필요로 하지만 신앙은 경제를 지배해야 한다.

(눅 15:8, 11-12) "어떤 여자가 열 드라크마가 있는데 하나를 잃으면 등불을 켜고 집을 쓸며 찾아내기까지 부지런히 찾지 아니하겠느냐 … 둘째가 아버지에게 말하되 아버지여 재산 중에서 내게 돌아올 분깃을 내게 주소서 하는지라 … "
(눅 16:1) "또한 제자들에게 이르시되 어떤 부자에게 청지기가 있는데 그가 주인의 소유를 낭비한다는 말이 그 주인에게 들린지라"

드라크마 비유(눅 15:8~), 돌아온 탕자 비유(눅 15:11~), 옳지 않은 청지기 비유(눅 16:1~)는 누가복음에만 나오는 이야기인데 전부 경제 이야기이다. 신앙은 경제를 어떻게 받아들이느냐에 대한 원리라고 할 수 있다. 재정을 내가 지배하지 못하면 정상적인 그리스도인이라고 할 수는 없다. 그것은 하나님께서 허락하신 것을 하나님의 뜻대로 사용하는 원리이다. 이 원리에서 벗어나면 전부 불의한 것이다.

묵상과 적용

1. 나는 교회를 위하여 얼마나 물질로 헌신하고 있는가?

2. 그렇다면 나는 이웃을 위해 나의 물질을 얼마나 사용하고 있는가? 교회생활과 비교해보라.

3. 혹시 교회에 대한 물질적인 의무를 다하는 것으로 이웃사랑의 의무를 다하고 있다고 생각하는가?

4. 내가 추구하고 있는 경제에 대한 개념과 성경이 말하는 경제는 얼마나 차이가 나는가?

5. 궁극적으로는 내가 가진 물질은 어떻게 사용해야 한다고 생각하는가? 교회? 구원? 이웃?

73. 심령이 가난한 것

성경의 가르침은 모두 절대적인 것이다. 절대적 가난을 경험할 때 하나님이 보이는 법이다. 심령의 가난도 절대적인 영적 가난을 뜻한다.

(눅 15:17) "이에 스스로 돌이켜 이르되 내 아버지에게는 양식이 풍족한 품꾼이 얼마나 많은가 나는 여기서 주려 죽는구나"

탕자는 굶어죽을 정도로 절대적 가난에 봉착해서야 비로소 자신의 가치와 위치를 깨달았다. 가난한 사람들에게 복이 있는 것은 바로 이런 것 때문이다. 결국 그는 자기를 깨닫고 길을 돌이켜 아버지에게로 향하게 된다. 가난하다고 다 그런 것은 아니지만 가난한 상황이나 상태를 이해하고 있어야 온전한 믿음이 이루어진다.

외적인 모습만을 말하는 것은 아니지만 세상적으로 완전히 망하거나 심령적으로 완전히 절망 상태가 될 때 하나님을 찾게 된다. 조금이라도 세상이나 인간적으로 희망이 남아있으면 하나님과의 완전한 만남은 이루어질 수 없다. 왜냐하면 신앙이란 하나님께 대한 완전한 의지를 말하는 것이기 때문이다.

묵상과 적용

1. 나는 예수님 앞에서 심령이 얼마나 가난한 사람인가?

2. 하나님 아니면 죽을 수밖에 없다는 사실을 심령 깊이 느낀 적이 있다면 이야기해보라.

3. 나는 기도드릴 때 얼마나 간절하게 기도하는가?

4. 간절한 기도란 집중적으로 기도함과 동시에 이루어질 때까지 하는 기도이기도 하다. 나는 얼마나 오래 기도하는가?

5. 결국 나의 모든 것을 포기하면서 드리는 기도가 참 기도이다. 나는 무엇을 위해 이런 기도를 드려야 하는가?

74. 분에 넘치는 사랑

둘째아들처럼 모든 것을 잃어보아야 진정한 자유를 누릴 수 있다.

(눅 15:21-22) "아들이 이르되 아버지 내가 하늘과 아버지께 죄를 지었사오니 지금부터는 아버지의 아들이라 일컬음을 감당하지 못하겠나이다 하나 아버지는 종들에게 이르되 제일 좋은 옷을 내어다가 입히고 손에 가락지를 끼우고 발에 신을 신기라"

남과 남 사이라면 결코 이루어질 수 없는 이야기이다. 큰 배신을 한 사람을 검증하는 과정도 없이 다시 그 일을 맡길 수는 없다. 하지만 아들이라면 전혀 달라진다. 아무리 큰 잘못을 해도 다시 회복시켜 준다. 우리에게 하나님은 이런 분이시다. 하나님이 우리 아버지시니까 마음대로 하라는 것이 아니라 우리에게 아버지가 어떤 의미인지를 잘 깨닫고 철저하게 신뢰하고 의지하고 충성해야 한다는 뜻이다.

이제 둘째아들은 아무 것에도 매이지 않을 수 있다. 모든 일에 자유로울 수 있는 것이다. 이미 둘째아들로서 자신은 죽었고 이제는 덤으로 얻은 일꾼과 같은 인생이기 때문이다. 이 점을 깨닫고 있다면 진정한 그리스도인이다.

묵상과 적용

1. 내가 받은 하나님의 은혜는 죄인 된 내가 받기에는 너무나도 크다는 사실을 얼마나 믿고 있는가?

2. 내가 받은 은혜가 말도 안 되게 큰데도 왜 나는 다른 사람을 비판하는가?

3. 나의 참모습에 비해서 내가 받은 은혜가 얼마나 많고 큰지를 구체적으로 설명해보라.

4. 이렇게 큰 은혜를 허락해주신 아버지 하나님을 나는 얼마나 신뢰하고 의지하고 있는가?

5. 분에 넘치는 이런 사랑을 부어주시는 하나님을 이웃들에게 얼마나 자랑하고 있는가?

75. 믿음과 자유

아버지의 마음을 이해하지 못하면 자유로움을 얻을 수 없다.

(눅 15:29) "아버지께 대답하여 이르되 내가 여러 해 아버지를 섬겨 명을 어김이 없거늘 내게는 염소 새끼라도 주어 나와 내 벗으로 즐기게 하신 일이 없더니"

하나님의 일을 할 때에는 먼저 그 의미와 하나님의 마음을 이해하고 자유로운 마음으로 공동체 전체를 바라보며 일해야 한다. 그래야 큰아들처럼 서운함을 느끼지 않고 동생이 돌아왔을 때 아버지와 함께 기뻐할 수 있다. 그런데 교회에 이것이 빠져 있는 경우가 많다. 주님의 심정, 주님의 눈길로 세상을, 교회를 바라볼 수 있기를 간절하게 원한다.

전통과 율법에 사로잡혀서는 결코 자유로울 수 없다. 전통과 율법이 필요 없는 것이 아니라 자원해서 기쁜 마음으로 감당해야 한다는 것이다. 예수님과의 인격적인 만남이 없이는 이런 자유는 있을 수 없다. 마치 맏아들처럼 의무감으로 하면 동생이 돌아왔을 때 시기할 수밖에 없는 것이다.

묵상과 적용

1. 나는 교회생활에서의 의무적인 일을 얼마나 열심히 감당하고 있는가?

2. 그렇다면 나는 교회활동을 향한 하나님의 마음을 얼마나 잘 이해하고 있는가?

3. 혹시 교회활동에 열심을 내지 못하는 성도를 조금이라도 비판한 적은 없었는가?

4. 의무적으로 일을 하는 것과 하나님의 마음을 깨닫고 그 안에서 일을 누리는 것에는 어떤 차이가 있겠는가?

5. 내가 교회생활에서 자유를 누리고 있지 못하다면 가장 큰 이유는 무엇이겠는가?

76. 지혜로운 청지기

이 세상의 재물은 전부 불의한 재물이다. 충성된 청지기란 이 불의한 재물을 나누어주는 사람이다.

(눅 16:3) "청지기가 속으로 이르되 주인이 내 직분을 빼앗으니 내가 무엇을 할까 땅을 파자니 힘이 없고 빌어먹자니 부끄럽구나"
(눅 16:11) "너희가 만일 불의한 재물에도 충성하지 아니하면 누가 참된 것으로 너희에게 맡기겠느냐"

옳지 않은 청지기라고 하지만 그는 뒷구멍으로 돈을 훔치지는 않았다. 주인의 소유를 제대로 관리하지 못하기는 했어도 자기 욕심을 위해 일하지는 않았으므로 그는 다른 종류의 칭찬을 들을 수 있었던 것이다. 물질은 천지에 널려있다. 전부 하나님의 것이다. 죽을 때 가져갈 것도 아니다. 그렇다면 그 물질을 다른 사람들을 위해 사용한다면 하나님이 보시기에는 오히려 충성된 청지기가 되는 것이다. 원래 세상의 물질 자체가 불의한 것이다.

묵상과 적용

1. 나는 정말로 이 세상에서 하나님의 청지기로 살고 있는가?

2. 그렇다면 내가 가진 모든 소유, 재능, 환경, 조건들은 누구의 것인가?

3. 불의한 청지기가 주인의 재물로 사람들에게 선심을 쓴 것은 왜 칭찬받아야 하는가? 어떤 점을 칭찬하셨는가?

4. 세상 사람들도 지혜롭게 주인의 재물을 사용한다. 우리 그리스도인들에게 지혜란 무엇인가?

5. 나는 재물이나 조건들을 얼마나 지혜롭게 세상에서 사용하고 있는가?

77. 불의한 재물

재물은 천국을 구입하고 상을 받을 수 있는 탁월한 도구이다.

(눅 16:9) "내가 너희에게 말하노니 불의의 재물로 친구를 사귀라 그리하면 그 재물이 없어질 때에 그들이 너희를 영주할 처소로 영접하리라"

세상 재물은 모두 불의의 재물로 보면 된다. 세상 재물을 어떻게 사용할 것인가를 이 불의한 청지기가 가르쳐주었다. 재물은 단지 도구일 뿐인데 이 도구들만 많이 가지고 있는 사람은 어리석은 사람이다. 도구들은 쓰임 받을 때 열매를 거둘 수 있는 법이다.

재물은 하늘의 보화를 구입하는 가장 값비싼 수단이다. 재물로 하늘의 보화는 모으지 않고 이 땅에 쌓아두기만 한다면 하늘 보화를 얻지 못하는 것에서 그치는 것이 아니고 재물로 하늘 보화를 구입하지 않은 죄까지 덮어쓰게 된다. 그리스도인으로서 재물을 나누지 않는다면 하나님 앞에 큰 죄를 짓게 되는 것이다. 왜냐하면 재물은 은사로서 이웃을 위해 효과적으로 사용하라고 주신 것이기 때문이다.

묵상과 적용

1. 재물은 모두 불의한 것인데 나는 그 재물을 어떻게 생각하고 있는가?

2. 나는 재물을 주로 어디에 사용하고 있는가? 그것은 나에게 영주할 처소로 이끌어주고 있는가?

3. 내가 재물을 이웃들에게 사용하면 어떻게 천국의 상이 될 수 있는가?

4. 나는 재물을 이웃사랑의 도구, 천국영생의 수단으로 생각하면서 살고 있는가?

5. 나는 천국상급의 수단으로서의 재물을 어디에 가장 먼저 사용해야 하겠는가?

78. 경건한 도둑

돈을 지배하지 못하면 기독교 신앙은 다른 종교와 똑같다.

(눅 16:14) "바리새인들은 돈을 좋아하는 자들이라 이 모든 것을 듣고 비웃거늘"

가장 영적인 바리새인들이 사실은 가장 돈을 좋아하는 사람들이었다. 영성훈련이라는 데에서도 돈을 축복으로 이야기하는 경우가 많다. 그러나 그 영성이라는 것은 이 땅이 아니라 하늘에 초점을 두는 것이어야 한다. 이 말씀에 비춰볼 때 오늘날 목사와 교회가 돈을 좋아하는 사람들이라는 사회의 평가를 받고 있는 것은 아닐까? 헌금 때문에, 돈 때문에 교회에 못 가겠다는 사람들의 말을 들으면 정말 한심해진다.

돈은 복의 상징이기도 하지만 모든 악의 근원이 되기도 한다. 수많은 사건 사고들이 돈 때문에 생기는 범죄들이다. 그런데도 돈을 지배하지 못한다면 아직 신앙이 초보상태이거나 그리스도인이 아닐 수도 있는 것이다. 청렴한 부자라는 말은 있을 수 없고 곳간을 맡은 청지기가 있어야 한다.

묵상과 적용

1. 가장 하나님 중심적으로 이야기하면서 물질 축복을 위해 노력하는 것을 어떻게 생각해야 하겠는가?

2. 가장 경건하게 신앙생활을 하면서도 오로지 성공과 축복만을 추구한다면 하나님은 어떻게 여기시겠는가?

3. 신앙적으로 가장 투철한데 돈을 추구한다면 그는 바리새인과 어떻게 다르겠는가?

4. 혹시 나는 오로지 성공이나 축복만을 위해 기도하고 예배드리고 있는 것은 아닌가?

5. 혹시 바리새인들에 대한 백성들의 평가를 하나님께서 나에게도 적용하시는 것은 아닌가?

79. 겸손은 없다.

당연한 일인데 자꾸 자랑하고 싶은 것이 사람이다. 사람에게 자랑하려 하지 말고 하나님께 보이려고 해야 한다.

> (눅 17:10) "이와 같이 너희도 명령 받은 것을 다 행한 후에 이르기를 우리는 무익한 종이라 우리가 하여야 할 일을 한 것뿐이라 할지니라"

하나님 앞에서 최선을 다하고도 은혜에 감사하며 스스로 무익한 종이었다고 생각하고 고백하는 성도가 되어야 한다. 성도가 '무익한 종'의 개념을 소유해야 하는 또 다른 이유는 사람에게 자랑하지 못하게 하기 위함이다. 신앙인에게는 하나님 앞에서의 겸손도 필요하지만 사람 앞에서의 겸손도 반드시 필요하기 때문이다.

사람 앞에서 겸손하지 못하면 절대로 자기 자신처럼 이웃을 사랑할 수 없다. 예수님은 이웃에게 한 것이 곧 주님께 한 것이라고 하셨다. 그러므로 하나님 앞에서의 겸손과 사람 앞에서의 겸손은 같은 것이다. 진정으로 하나님께 겸손한 사람은 사람에게도 겸손하다. 우리는 이런 신앙을 지향해야 한다.

묵상과 적용

1. 나는 교회에서 주어진 일을 잘 감당했을 때 어떤 마음이 먼저 드는가?

2. 내가 하나님 앞에 자랑하고 싶은 생각을 가지게 되는 행동들에는 어떤 것이 있는가?

3. 사람들에게 칭송을 받는 훌륭한 일을 감당했을 때 그것을 하나님 앞에서 자랑할 수 있겠는가? 예수님과 비교해서.

4. 물론 내가 훌륭한 일을 했을 수 있지만, 그것이 다른 사람들에게 큰 자랑이 되는 순간 하나님과는 어떻게 되겠는가?

5. 나는 마땅히 해야 할 일을 크게 감당하고 있을 때 그것은 어디에서부터 오는 능력이겠는가?

80. 천국과 지옥의 장소

하나님의 나라와 사탄의 나라는 언제라도 우리 마음속에서 일어날 수 있다.

(눅 17:21) "또 여기 있다 저기 있다고도 못하리니 하나님의 나라는 너희 안에 있느니라"

이 말씀을 가지고 천국은 하늘에 있는 것이 아니라 마음속에서 이루어지는 것이라고 말하기도 하지만, 24절에 보면 번개가 비침같이 인자의 날에도 그렇게 임하실 것을 말씀하고 있다. 물론 우리 마음속에 천국이 이루어지지 않으면 진정한 천국은 임하지 않을 것이다. 천국은 심령의 개념임과 동시에 장소의 개념이기도 하다.

그렇다면 거꾸로 생각해서 만약에 우리 심령에 하나님의 나라가 임하지 못한다면 과연 그곳은 어디일까? 세상과 지옥이 동의어는 아니지만 세상과 지옥은 연결되어 있다. 세상에 있는 사람이 지옥으로 가는 것이지 않은가? 하나님의 나라가 우리 마음속에 임하지 않으면 우리의 마음은 지옥과 연결되어 있는 것이 된다. 세상을 주관하는 마귀가 우리의 마음속에서 뛰놀 수 있는 것이다.

묵상과 적용

1. 혹시 나의 마음이 지옥과도 같이 느껴질 때가 있었는가?

2. 그러면 나의 마음이 마치 천국에 있는 것처럼 느껴질 때는 언제였는가?

3. 천국처럼 느껴졌던 내 마음은 주로 어떤 상황이었을 때 내게 임했는가?

4. 내 마음에서 하나님으로부터 비롯되는 천국을 경험하지 못하고 정말로 천국이 존재하는지 어떻게 알 수 있는가?

5. 내 마음에 천국이 임하지 못한 상태라면 그것은 그러면 어디에 속해 있기 쉽겠는가?

81. 지상의 천국

하나님은 위치에 구애받지 않으신다. 마찬가지로 하나님의 나라도 위치에 구애받지 않는다.

(눅 17:21) "또 여기 있다 저기 있다고도 못하리니 하나님의 나라는 너희 안에 있느니라"

하나님의 나라는 너희 속에 있다. 너희의 새로운 공동체 안에 있다. 하나님의 나라는 먼저 마음에 있어야 하고 공동체 안에 있어야 하고 세상 속에 이루어져야 한다. 그런 의미에서 하나님의 나라는 이 세상 어느 곳에서도 성취될 수 있어야 함과 동시에 다른 사람들에게도 나타내 보일 수 있어야 하는 것이다.

하나님의 나라는 제도나 체제 안에 있는 것이 아니다. 체제 안에 있을 수도 있고 없을 수도 있다. 제도나 체제가 영향을 주는 곳이 아니다. 제도를 고쳤을 때 하나님의 나라가 임하는 것이 아니다. 하나님의 나라는 하나님의 통치가 이루어지는 곳이므로 모든 나라, 모든 제도, 모든 환경 가운데에서 얼마든지 이루어질 수 있는 곳이다. 먼저 마음의 통치를 받아야 한다.

묵상과 적용

1. 교회에 출석하고 교회가 천국과 같다고 느꼈을 때가 언제였는지 생각해보라.

2. 그러면 교회가 마치 지옥처럼 느껴졌을 때가 있었는가?

3. 어떻게 교회가 천국이 될 수도 있고 지옥이 될 수도 있는가? 핵심적으로는 나에게 무엇이 있어야 하겠는가?

4. 똑같이 예배를 드려도 천국처럼 느껴질 때는 언제였는지 생각해보라.

5. 날마다 그럴 수는 없지만 내가 천국을 자주 누릴 수 있는 비결은 무엇이겠는가?

82. 꼭 필요한 것들

그리스도인은 한 곳에 정착하고 살아도 다만 나그네일 뿐이다.

(눅 17:31) "그 날에 만일 사람이 지붕 위에 있고 그의 세간이 그 집 안에 있으면 그것을 가지러 내려가지 말 것이요 밭에 있는 자도 그와 같이 뒤로 돌이키지 말 것이니라"

언제라도 세간을 버릴 수 있다는 긴급한 믿음을 가지고 살아가야 한다. 그래야 롯의 아내의 길을 피할 수 있다. 그리스도인에게 있어서 가장 중요한 것은 영원한 생명이다. 그것을 빼앗기면 전부를 잃는 것이다. 그래서 이 세상은 나그네의 삶일 수밖에 없는 것이다. 이 땅을 종착지처럼 생각하는 한 우리에게 천국은 없다.

나그네란 말 그대로 이리저리 필요에 따라 옮겨 다녀야 하는 사람이다. 나그네에게도 최종 종착지는 있다. 우리에게는 영원한 저 천국이다. 그래서 천국에 가기까지 살아가는 데 꼭 필요한 것들만 있으면 되는 것이다. 나머지 것들은 언제 어디에서나 아낌없이 전부 버릴 수 있다. 참된 신앙인은 무엇이든지 쉽게 버릴 수 있는 사람이다. 천국에 필요한 것들 이외에는 가볍게 여겨야 한다.

묵상과 적용

1. 마지막 날이 왔는데도 여전히 세간을 중요시 여긴다면 그 사람에게 천국이란 존재하는 것인가?

2. 하나님을 위하여 내 것을 아낌없이 버린 적이 있었는가? 어떤 때였는가?

3. 나는 사실 너무 현실적이고 세상적인 것만 추구하고 있는 것은 아닌가?

4. 만약에 전쟁 등으로 인하여 모든 것을 버려야 할 상황이 된다면 버려야 할 것이다. 하나님 앞에서는 어떤가?

5. 종말이 어떤 단체나 장소에 임한다는 주장에 미혹되어 모든 것을 버린 사람들과는 어떻게 달라야 하는가?

83. 확신시키는 믿음

믿음이란 다른 사람들이 내가 믿는다는 것을 믿게 하는 것이다.

(눅 18:5) "이 과부가 나를 번거롭게 하니 내가 그 원한을 풀어 주리라 그렇지 않으면 늘 와서 나를 괴롭게 하리라 하였느니라"

과부는 재판관에게 이 과부가 자기 원한이 풀어질 때까지 귀찮게 할 여자라는 인식을 심어주었다. 우리도 그런 자세로 간구하고 그런 믿음으로 세상을 살아야 한다. 그래야 다른 사람들도 우리를 인정하고 신뢰하며 필요할 때 구원을 요청하는 것이다. 그것이 살아있는 믿음이다.

내가 믿는 것을 사람들이 믿어야 하는 동시에 하나님께서도 내가 하나님을 믿는다는 것을 믿으셔야 복을 부어주시는 것이다. 우리가 하나님을 믿는 것처럼 하나님도 믿을 수 있는 사람을 찾고 계신다. 우리는 하나님께 신뢰를 드려야 한다. 자기 마음대로 살면서 필요할 때에만 하나님을 찾는 사람을 하나님께서 어떻게 믿으실 수가 있겠는가?

묵상과 적용

1. 내가 제대로 믿고 있다는 것을 사람들이 인정해주는가?

2. 내가 정말 예수님을 믿고 있다는 것을 사람들이 인정하게 만들기 위해서 내가 해야 할 일은 무엇이겠는가?

3. 교회에만 열심히 다니는 예수쟁이가 아니라 예수님의 말씀대로 사는 모습을 보여주기 위해 얼마나 노력하는가?

4. 나는 기도할 때에도 어떤 식으로든 응답하실 때까지 기도함으로써 하나님을 움직이고 있는가?

5. 하나님께서도 내가 예수님을 제대로 믿고 있다고 인정하실 수 있겠는가? 왜 그렇지 못한가?

84. 의인이라는 착각

스스로 의인이라는 착각에 빠지면 너무나도 확신에 차서 타인을 비판한다.

(눅 18:9) "또 자기를 의롭다고 믿고 다른 사람을 멸시하는 자들에게 이 비유로 말씀하시되"

자기를 의롭다고 믿는 사람들은 그 기도를 들어보면 알 수 있다. 나는 의롭지 않으면서 스스로 의롭다고 느끼고 있지는 않은가? 어떤 면에서는 의롭고 다른 면에서는 의롭지 않을 것이다. 오히려 의롭지 못한 부분이 훨씬 많을 것이다. 그러므로 어떤 경우에도 의롭다고 느끼지 않도록 조심해야 하겠다.

사실 그리스도인에게 의롭다는 말의 뜻은 무엇일까? 알다시피 우리는 의로워서 의롭다는 말을 듣는 사람들이 아니다. 의롭지 못하지만 예수님의 십자가 대속으로 죄를 사면해주심으로써 법적으로 의로움을 얻은 사람들이다. 비록 의롭다고 칭함을 받기는 했지만 우리는 여전히 육체 가운데, 죄 가운데 있는 사람들이다. 그런 사람들이 어떻게 자기를 의롭다고 생각할 수 있을까? 우리는 전부 완전한 의에 도달하지 못한 결핍의 존재들이다.

묵상과 적용

1. 스스로 의롭다고 생각하는 사람은 거의 의롭지 못하다. 나는 어떤가?

2. 의인이란 누구의 입장에서 본 기준이어야 하겠는가?

3. 내가 의롭다 칭함을 받은 것은 순전히 누구의 의 때문인가? 그것을 얼마나 느끼고 있는가?

4. 나는 스스로를 의롭다고 생각하는 나머지 다른 사람들을 너무 쉽게 정죄하고 비판하는 것은 아닌가?

5. 내가 생각하는 '의'의 기준은 무엇인가? 예수님의 기준과 어떻게 다른가?

85. 낮춤과 높아짐

자부심이나 자존감은 꼭 필요한 것이지만 조금이라도 지나치면 자기를 높이는 교만에 빠지게 된다.

(눅 18:11-14) "바리새인은 … 하나님이여 나는 다른 사람들 곧 토색, 불의, 간음을 하는 자들과 같지 아니하고 … 세리는 멀리 서서 감히 눈을 들어 하늘을 쳐다보지도 못하고 다만 가슴을 치며 이르되 하나님이여 불쌍히 여기소서 나는 죄인이로소이다 하였느니라 … 이 사람이 의롭다 하심을 받고 그의 집으로 내려갔느니라 무릇 자기를 높이는 자는 낮아지고 자기를 낮추는 자는 높아지리라 하시니라"

하나님은 사람의 마음을 소중하게 보시는 분이시다. 일단 자신이 의롭고 자랑할 것이 많다고 생각하는 사람은 하나님이 보시기에는 의롭지 못한 사람이다. 마음과 말과 행동이 일치하는 것이 하나님 앞에 의로움이다.

인간의 모든 일은 혼자서 이루는 법은 없다. 혼자 할 수 있는 일은 지극히 미약하다. 그는 모든 사람들에게 감사할 줄 알아야 한다. 그것을 자기만의 자랑으로 내세운다면 하나님은 그를 결코 인정하지 않으실 것이다.

묵상과 적용

1. 나는 일반적인 기준에서 볼 때 교만한 사람에 속하는가, 겸손한 사람에 속하는가?

2. 나에게 조금이라도 교만한 부분이 있다면 무엇이 교만하게 만들고 있는가?

3. 다른 사람들의 믿음 없음을 속으로 비판하고 있다면 나는 의로운 사람인가?

4. 나는 하나님의 일을 하면서 높아지고 커지려고 하는가, 아니면 낮아지려고 하는가?

5. 하나님께서 나를 높이시게 하려면 나는 어떻게 해야 하겠는가?

86. 어린아이 믿음

자기는 가만히 있으면서 세상을 바꾸려 하기보다는 먼저 말씀 앞에 자신을 복종시키려 해야 한다.

(눅 18:17) "내가 진실로 너희에게 이르노니 누구든지 하나님의 나라를 어린아이와 같이 받아들이지 않는 자는 결단코 거기 들어가지 못하리라 하시니라"

천국이 나를 받아들이기를 원하는 것보다 내가 먼저 천국을 받아들여야 천국시민이 된다. 내가 천국을 받아들인다는 것은 천국을 어린아이와 같이 받드는 것을 말한다. 내 마음에 천국이 없는데 어떻게 천국으로 들어갈 수 있을까?

아마 하늘나라에 가면 시민들이 전부 어린아이들과 같을 것이다. 겉모습은 어른들인데 마음은 전부 어린아이들일 것이다. 경계하거나 경쟁하는 것과 같은 일들은 전혀 없을 것이다. 시기하거나 두려워하는 일도 전혀 없을 것이다. 말하는 것 자체가 그의 마음이고 행동하는 것이 그의 전부일 것이다. 속셈이나 사람을 판단하려는 시도가 필요 없을 것이다.

묵상과 적용

1. 나는 천국을 어린아이와 같이 받아들이고 있는가?

2. 어린아이와 같이 순전하게 받아들이지 못하고 있다면 그 이유는 무엇이겠는가?

3. 나는 영원한 천국에 들어가기 전에 이 땅에서의 천국을 얼마나 맛보고 있는가?

4. 어린아이와 같은 믿음을 훼방하고 있는 요인들을 생각해보라.

5. 내가 천국을 조금도 누리지 못한다면 이웃을 조금이라도 변화시킬 수 있겠는가?

87. 한 가지 부족한 것

물질이라는 장점은 그 물질을 가난한 사람들에게 나누어주었을 때 비로소 진짜 장점이 된다.

(눅 18:22) “예수께서 이 말을 들으시고 이르시되 네게 아직도 한 가지 부족한 것이 있으니 네게 있는 것을 다 팔아 가난한 자들에게 나눠 주라 그리하면 하늘에서 네게 보화가 있으리라 그리고 와서 나를 따르라 하시니”

예수님을 따르려면 재물 있는 사람은 재물을 다 버릴 각오를 해야 한다. 재물이 아니라 재능이 많은 사람은 재능을 버릴 각오, 명예와 권력이 있는 사람은 그 명예와 권력을 다 버릴 각오를 해야 한다. 그렇게 본다면 보통 사람에 비해 뭔가 많이 가지고 있다는 것은 장점이 되기도 하지만 오히려 그것이 큰 단점이 되기도 하는 것이다.

아무튼 장점이 장점이 되기 위해서는 버려야 한다. 버리지 않으면 그 장점은 욕심이 된다. 장점을 버리지 않고 쌓아두면 반드시 썩게 된다. 장점은 다른 사람들을 위해 부지런히 사용되어야 한다. 우리의 장점은 사용하라고 주시는 달란트이다.

묵상과 적용

1. 신앙생활을 철저하게 해왔던 이 부자에게 단 한 가지 모자란 것은 무엇이라고 하시는가?

2. 나에게 있어서 이 생명과도 같은 한 가지는 무엇인가? 곧 끝까지 버리기 힘든 것은 무엇인가?

3. 혹시 생명처럼 여기고 있는 그것을 버리지 못하여 앞으로 더 나아가지 못하고 있는 것은 아닌가?

4. 주를 위하여 물질을 가난한 사람들에게 아낌없이 나눌 수 있는 준비가 되어 있는가?

5. 하나님께서 원하실 때 주를 따르기 위해서 버릴 것을 단호하게 버릴 각오가 되어 있는가?

88. 나눔의 짐

아무리 많은 재물과 권세로 인하여 삶의 짐이 전혀 없는 사람일지라도 나눔의 짐은 져야 한다.

> (눅 18:22-23) "예수께서 이 말을 들으시고 이르시되 네게 아직도 한 가지 부족한 것이 있으니 네게 있는 것을 다 팔아 가난한 자들에게 나눠 주라 그리하면 하늘에서 네게 보화가 있으리라 그리고 와서 나를 따르라 하시니 그 사람이 큰 부자이므로 이 말씀을 듣고 심히 근심하더라"

예수님을 열심히 따라다니던 사람들은 대부분 서민들이고 가난하고 소외되고 병든 사람들이었다. 따라서 모든 것을 버리고 따르라는 말씀이 통했다. 많이 가진 사람은 약간은 미안해하는 분위기였을 수도 있다. 하지만 부자들에게는 이런 말씀이 통하기 어렵다. 많이 가진 것이 근심이 되는 상황이 올 줄이야. 그냥 물러가서 계속 아쉬워하는 수밖에 없을 것이다.

그런데 예수님은 가난한 사람들에게는 버리라는 말씀을 하지 않으신다. 자의이든 타의이든 그들은 이미 버린 상태이기 때문이다. 그래서 가난한 사람이 오히려 복이 될 수도 있는 것이다.

묵상과 적용

1. 물질이 만든 적든 관계없이 그 물질은 누구를 위해 사용해야 하겠는가?

2. 나는 주님을 위해서 이웃에게 나누는 삶을 살고 있는가?

3. 모든 물질은 필요로 하는 사람들에게 나누기 위해 존재한다는 말을 어떻게 받아들이겠는가?

4. 나는 예수님을 따르기 위해 내 모든 것이 전부 하나님의 것이라는 고백을 할 수 있는가? 그러면 버릴 수 있을 것이다.

5. 물론 삶을 위해서 물질은 반드시 필요하다. 그러면 내 것과 나눌 것을 어떻게 구분해야 하겠는가?

89. 말씀을 깨닫는다는 것

내가 체험해보지 못한 말씀은 아무리 놀라운 말씀이라도 그냥 지식에 그칠 가능성이 크다.

(눅 18:34) "제자들이 이것을 하나도 깨닫지 못하였으니 그 말씀이 감취었으므로 그들이 그 이르신 바를 알지 못하였더라"

제자들은 예수님의 고난에 대해 한 사람도 깨닫지 못하였다. 교리나 신학도 예수님께서 직접 알려주신 것이 아니라 제자들과 또 그 제자들에게 순차적으로 드러내 보이신 것이다. 기독교 신앙이란 '역사적 예수'에서 주장하는 것처럼 필요에 의해서 신앙지도자들이 편의적으로 만들어낸 '종교'가 아니다. 그렇다면 성령님의 역사를 믿지 않는 것이다.

말씀을 안다는 것은 지식이나 신학적으로 아는 것과는 많이 다를 수 있다. 깨닫지 못하면 그것은 그냥 언어일 뿐이다. 말을 아무리 잘 하고 글을 아무리 잘 써도 하나님의 말씀은 첫째는 성령님의 조명이 있어야 하고 둘째는 자기 체험이 있어야 깨달을 수 있는 것이다. 체험 없는 믿음은 허상이 되기 쉽다.

묵상과 적용

1. 나는 말씀을 들을 때 어디까지 믿는 편인가?

2. 나는 말씀을 대할 때 그 속에 들어있는 하나님의 마음까지 생각하는가?

3. 하나님의 뜻과 하나님의 마음에는 어떤 차이가 있겠는가? 깨닫는다는 것은 어디까지 느끼게 된다는 뜻이겠는가?

4. 나는 말씀을 대할 때 내가 필요로 하는 부분, 나에게 유리한 부분에서만 은혜를 받는 것은 아닌가?

5. 내가 듣고 싶은 부분이 아니라 하나님께서 나에게 말씀하시는 부분을 깨달으려면 어떻게 하는 것이 좋겠는가?

90. 응답받는 비결

진정한 간절함은 점점 더 크고 강하게 기도하는 것이다.

(눅 18:39) "앞서 가는 자들이 그를 꾸짖어 잠잠하라 하되 그가 더욱 크게 소리 질러 다윗의 자손이여 나를 불쌍히 여기소서 하는지라"

기도는 갈수록 더 부르짖을 때 이루어진다. 주님의 눈길을 사로잡고 주님의 귀에 들리게 기도해야 한다. 이루어지기까지 기도할 수 있으려면 그만큼 간절함이 있어야 한다. 그런 것이 있으면 기도는 점점 강하게 하게 되는 것이다. 하나님은 우리의 간절한 마음을 보시기 때문이다.

기도는 점점 크게 부르짖으면 응답해 주신다. 크게 부르짖다가 작아지면 간절함이 부족한 것이다. 어떤 사람은 성격이 독해서 무슨 일을 하든지 독하게 한다. 성격이 무른 사람은 독하게 하지 못하고 빨리 포기하기도 한다. 하지만 응답받는 기도는 성격을 뛰어넘는 기도이다. 독하게 기도하는 것이 아니라 기도를 크게 키우면 응답하신다. 꼭 필요한 것인데 응답이 없으면 필요한 것보다 더 큰 것을 구하면 응답해주실 것이다.

묵상과 적용

1. 남에게 나의 기도를 부탁해놓고 나 자신은 기도하지 않은 경우가 얼마나 있었는가?

2. 내가 정말로 필요로 하는 일들에 대해서는 나는 어떻게 기도하고 있었는가?

3. 응답이 더디거나 가능성이 희박해보일 때 나는 어떤 식의 반응을 보이고 있는가?

4. 긴급하거나 꼭 필요로 하는 제목을 놓고 기도할 때 앞으로 어떤 마음가짐으로 기도해야 하겠는가?

5. 꼭 필요한 기도일 때 어떤 심정으로 기도하면 주님께서 인정하시는 기도가 되겠는가? 또 기회가 있다고 생각해도 되는가?

91. 부자와 천국

부자는 천국에 들어가기 어렵지만 오히려 더 쉽게 들어가는 부자도 있다.

(눅 19:7) "뭇 사람이 보고 수군거려 이르되 저가 죄인의 집에 유하러 들어갔도다 하더라"

앞서 재물이 많은 사람은 신앙생활을 잘 하고 인정받는 사람이었고, 삭개오는 신앙생활이 엉망이고 죄인 취급받는 사람이었다. 두 사람의 공통점은 영적 결핍에 대한 갈급함이었고, 청년은 '자기 의', 삭개오는 '죄의식'으로 가득 찬 사람이었다. 결국 상황과는 관계없이 죄 의식 있는 사람이 의롭게 되기 쉽다.

부자가 천국에 들어가기 힘든 이유는 버릴 것을 버리기가 힘들기 때문이다. 돈이란 있어도 관리하기가 쉽지 않다. 부를 소유하려면 거기에 집중해야 유지가 가능하다. 그렇기 때문에 그것을 버리기는 더욱 어려운 것이다. 부를 유지하려는 사람은 그것을 결코 포기하지 못한다.

묵상과 적용

1. 내가 부자이든 아니든 성공과 번영을 쫓고 있다면 나는 부자와 똑같다. 나는 어떤 쪽인가?

2. 나는 어떤 면에서 부자에 속하는가? 꼭 물질이 많아야 부자는 아니다.

3. 그렇다면 나는 어떤 것을 버리기 힘들어하는가? 버리지 못하면 천국은 없다.

4. 삭개오는 상황과는 관계없이 어떤 마음을 가지고 있었겠는가? 나는 지금 어떤가?

5. 예수님께서 죄인 삭개오의 집에 들어가신 것처럼 나는 죄인인 이웃들에게 어떤 자세를 가지고 있어야 하는가?

92. 나눔의 진정성

삭개오가 재산의 절반을 나누었기 때문에 의인이 아니라 그 심령의 변화가 확실한 증거로 드러났기 때문에 의인이다.

(눅 19:8) "삭개오가 서서 주께 여짜오되 주여 보시옵소서 내 소유의 절반을 가난한 자들에게 주겠사오며 만일 누구의 것을 속여 빼앗은 일이 있으면 네 갑절이나 갚겠나이다"

삭개오는 세리장이며 부자였는데 그가 어떤 과정을 거쳐 이런 마음까지 먹게 되었는지 알 수는 없다. 다만 삭개오는 예수님을 보고자 하는 열망이 강하였고 나이나 지위에 맞지 않게 나무 위로 올라가기까지 했다. 아마 세리로서 죄의식이나 소외감이 컸을 것이고 상대적으로 구원에 관한 깊은 소망이 있었을 것이다.

하지만 그가 양심적인 사람이었다는 것은 자기가 혹시 속여서 빼앗은 것이 있다면 4배로 갚겠다고 한 구절에서 나타난다. 재산의 절반을 내놓겠다는 것에서 구원에 대한 뜨거운 소망과 이웃에 대한 배려를, 속인 것이 없다는 말에서 양심적으로 살았다는 증거를 발견할 수 있다.

묵상과 적용

1. 나에게는 삭개오와 같은 낮은 마음이 어느 정도 있는가?

2. 예수님께서 오신 것을 기뻐한 나머지 재산의 절반을 나누겠다고 선포한 삭개오의 마음을 얼마나 이해할 수 있는가?

3. 나에게 삭개오와 같은 재산이 없어도 나눌 것은 있다. 무엇을 나누겠는가?

4. 내가 이웃과 무엇을 나눈다면 의무감에서 하는 것인가, 믿음으로 자원해서 해야 하는가?

5. 나눔의 결과로 구원이 임한 것이 아니라 구원을 증명해보인 것이다. 나는 나의 구원을 어떤 식으로 증명할 수 있는가?

93. 한 므나의 영향력

그리스도인의 재물은 복음의 영향력을 삶으로 확대시키는 힘이다.

(눅 19:17) "주인이 이르되 잘하였다 착한 종이여 네가 지극히 작은 것에 충성하였으니 열 고을 권세를 차지하라 하고"

므나는 내가 사용할 수 있는 소유(물질, 재능, 실력, 권세)를 말하며 그 소유를 최대한 사람들과 나누었을 때 열 고을에 해당되는 영향력을 주신다. 세상에 그리스도의 영향력을 끼치려면 나의 소유를 최대한 많이 나누어야 한다.

그래서 그리스도인의 최대의 재물은 주변에 끼칠 수 있는 복음의 영향력이다. 기업을 운영하는 식으로 재물이라는 조건으로 사람들을 좌우할 수는 있겠지만 진짜 재물은 물질을 나눔으로써 드러나는 영적 감화력이다. 물질이 많고 적은 것이 문제가 아니라 이웃을 자기 자신처럼 사랑할 수 있는 그 사랑으로 나누는 것을 말한다. 이웃을 위하여 재물을 사용할 때 하나님은 나누는 만큼의 영향력을 주시고 그만큼 상을 주시는 것이다.

묵상과 적용

1. 나는 나의 소유로 사람들에게 얼마나 많은 복음의 영향력을 끼치고 있는가?

2. 하나님께서 나에게 주신 므나 곧 물질, 재능, 환경, 능력 중에서 가장 큰 것은 무엇인가?

3. 그 므나를 가지고 지금까지 얼마나 이웃들을 섬겨왔는가?

4. 혹시 교회만을 섬긴 것은 아닌가? 그것은 50%의 신앙이다.

5. 이웃이나 주변에 대한 나의 영적 감화력은 어느 정도라고 생각하는가?

94. 므나를 무시하면

성도는 하나님께서 주신 달란트를 밑천으로 천국복음을 많이 나누어주는 장사를 하는 사람들이다.

(눅 19:20) "또 한 사람이 와서 이르되 주인이여 보소서 당신의 한 므나가 여기 있나이다 내가 수건으로 싸두었었나이다"

(눅 19:13) "그 종 열을 불러 은화 열 므나를 주며 이르되 내가 돌아올 때까지 장사하라 하니라"

귀인은 종들에게 한 므나씩 주면서 분명히 장사하라고 지시하였다(19:13). 하지만 이 사람은 귀인이 왕이 되어 돌아와서 찾았을 때 장사하라고 하신 것인지 몰랐다고 대답하는 꼴이다. 모든 일에는 이유와 목적이 있다. 신앙생활에서도 그 이유와 목적과 방향이 다 있다. 그것을 모른 채 신앙생활을 하게 되면 일평생 헌신하고도 아무 것도 남기지 못할 수 있다.

우리는 영적으로 장사하는 사람들이다. 하나님의 나라를 이 땅에 이루고자 애를 쓰는 사람들이다. 이윤이 남는 장사가 아니라 복음을 말이나 삶으로 전파하는 장사이다. 그것을 사용하지 않으면 책망 받게 되어 있다.

묵상과 적용

1. 나는 영적 장사와 현실적 장사 중에서 어느 쪽에 더 초점을 두고 있는가?

2. 나눔이나 이웃사랑으로 인한 영적 감화력에 대해서 얼마만큼이나 의식하고 있는가?

3. 나의 므나로 아무 것도 하지 않으면 지옥으로 갈 수도 있음을 아는가? 그것은 믿지 않는 것이기 때문이다.

4. 혹시 나의 므나를 오로지 나 자신과 가족만을 위해서 사용하고 있는 것은 아닌가?

5. 일평생 교회를 위해 헌신하고도 주께서 도무지 모른다고 하실 수도 있다. 냉정하게 자신의 삶을 뒤돌아보자.

95. 복의 근거

하나님께서 엄한 분이라는 인식은 율법주의를 낳게 된다. 하나님은 사람에게 이익이 되게 하시는 분이다.

> (눅 19:22) "주인이 이르되 악한 종아 내가 네 말로 너를 심판하노니 너는 내가 두지 않은 것을 취하고 심지 않은 것을 거두는 엄한 사람인 줄로 알았느냐"

아무 것도 없는 데서 무조건 주시는 분이 아니시다. 사람이 할 수 있는 일은 스스로 해야 한다. 무조건 입 벌리고 주실 때까지 기다리는 것이 아니다. 물론 사람이 할 수 없는 것을 바랄 때에는 주실 때까지 기다릴 수밖에 없지만, 그런 경우에도 부지런히 할 수 있는 일을 찾아서 이루어졌을 때 복이 되도록 준비해야 한다. 물질에 대한 이야기만은 아니다.

하나님의 기적은 설사 홍해의 기적을 주시더라도 홍해 앞까지 사람들이 가야 베풀어주시는 것이다. 억지로 밀려서 가더라도 기적의 현장에까지 가는 일과 홍해를 건너는 일은 모두 인간의 몫인 것이다. 홍해 하늘을 날아서 건너게 하시는 것이 아니다.

묵상과 적용

1. 지금 100% 하나님의 응답만을 기다리면서 아무것도 하지 않는 부분은 없겠는가?

2. 만약에 물질에 대한 기도를 하고 있다면 내가 할 수 있는 일은 무엇이겠는가? 교회헌금은 제외하고.

3. 하나님은 전능하시다. 왜 정말 중요하고 간절한 기도에 응답하지 않으시는가?

4. 하나님의 복을 받기 위해서 내가 할 수 있는 가장 우선적인 일은 무엇이겠는가?

5. 하나님께서 응답하시도록 나는 얼마나 비우고 있는가? 곧 응답하실 현장에 도착했는가?

96. 숫자와 세력의 함정

많이 모으는 목회는 필연적으로 복음의 빈틈을 만들 수밖에 없다. 원래 기독교는 소수일 때 강력했다.

> (눅 19:47-48) "예수께서 날마다 성전에서 가르치시니 대제사장들과 서기관들과 백성의 지도자들이 그를 죽이려고 꾀하되 백성이 다 그에게 귀를 기울여 들으므로 어찌할 방도를 찾지 못하였더라"

예수님이 말씀 한 마디면 예루살렘을 점령하고 다스릴 수 있었다. 하지만 숫자로 하나님의 나라가 세워지는 것이 아니고 능력으로 세울 수 있는 것도 아니다. 기독교를 숫자나 세력으로 계산하려고 하지만 사실 숫자는 아무런 의미가 없다. 중요한 것은 예수님의 참 제자가 얼마나 되느냐이다.

이제는 목회와 교회생활의 방향을 바꾸어서 사람을 많이 전도하는 것보다는 참 제자의 모델을 제시하고 훈련시켜 세상에 배출하는 데에 우선적인 가치를 두어야 할 것이다. 살아있는 소수가 때로 다수를 만들기도 하지만 다수를 만드는 그 자체가 목표가 되어버린다면 예수님은 거기를 떠나버리실 수 있는 것이다.

묵상과 적용

1. 문제가 생겼을 때 가장 먼저 무엇부터 생각하게 되는가? 자기 편? 경험? 공적? 권력자?

2. 문제가 생겼을 때 하나님을 먼저 바라보는가? 아니면 사람들을 먼저 찾는가?

3. 문제가 생겼을 때 자신을 먼저 바라보는가? 그 문제를 바라보는가? 아니면 사람들을 바라보는가?

4. 지금 교회의 문제는 성도들의 숫자가 줄어든 것인가? 아니면 복음의 본질을 잃어버렸기 때문인가?

5. 나는 무엇을 원하는가? 보편적인 신앙 대중인가? 아니면 바른 신앙의 주인공인가? 어디에 생명이 있는가?

97. 하나님의 대적

욕심이란 하나님의 것을 자기 것으로 만들려는 마귀의 성격이다.

(눅 20:14) "농부들이 그를 보고 서로 의논하여 이르되 이는 상속자니 죽이고 그 유산을 우리의 것으로 만들자 하고"

아들을 죽인 이유는 상속자를 죽이고 그 유산을 차지하기 위해서였다. 바리새인들과 대제사장들도 하나님의 권세를 빼앗기지 않고 자기들의 권세를 계속 사용하려고 한 것이었다. 결국 이것이 저들의 유산이 되어버린 것이었다. 인간을 위한 그 어떤 것도 하나님께는 대적이 되는 것이다.

사람이 가지고 있는 욕심들은 전부 하나님의 것을 가로채려는 욕구이다. 하와가 "너희 눈이 밝아져 하나님과 같이 되어"(창 3:5)라는 마귀의 유혹에 넘어간 이후로 인간은 하나님과 같이 되고 싶어 하게 되었던 것이다. 명예도 권력도 인기도 소유도 전부 하나님의 영역인 것을 알아야 한다. 주인의 유산을 넘보면 절대 안 된다.

묵상과 적용

1. 나도 모르게 하나님의 것을 가로채려는 일들이 없었겠는가?

2. 사람들에게 인정을 받으려는 시도가 하나님의 영광을 가로채는 것이라는 사실을 이해하고 있었는가?

3. 바리새인들의 외식(위선)이 왜 그토록 큰 죄가 되어 지옥으로 떨어지게 되는가?

4. 나의 모든 재능, 능력, 물질도 내 마음대로 사용하면 하나님께 죄가 된다. 혹시 그렇게 생각하는 것은 아닌가?

5. 우리는 상속자를 죽인 농부들이 아니라고 하겠지만 삶 속에서 예수님을 다시 십자가에 못 박은 경우가 얼마나 많았는가?

98. 아는 것과 믿는 것

아는 것과 믿는 것과 행하는 것은 다르다. 믿는 것과 행하는 것이 결여되어 있으면 오히려 아는 것이 해가 된다.

(눅 20:21) "그들이 물어 이르되 선생님이여 우리가 아노니 당신은 바로 말씀하시고 가르치시며 사람을 외모로 취하지 아니하시고 오직 진리로써 하나님의 도를 가르치시나이다"

그들은 예수님이 진리로써 하나님의 도를 가르치신다는 사실을 잘 알고 있었다. 그러나 그들은 편견과 기득권으로 꽉 막혀 있기에 예수님의 말씀을 듣지 못하고 오히려 구원자 예수님을 십자가에 못 박았다. 하수도가 막히면 더러운 물이 역류하는 것처럼 듣지 못하면 오히려 사고만 친다. 하나님과 바리새인들 사이에는 분명히 파이프가 있었지만 스스로 혹은 전통 때문에 막혀 있었다.

마귀도 하나님의 말씀이 진리라는 것을 잘 안다. 성도들보다 훨씬 정확하게 알고 있다. 그럼에도 불구하고 하나님께 순종하는 것이 아니라 하나님을 대적한다. 말씀은 순종할 때 믿어지게 되어있다. 이해하는 것과 자신의 것으로 받아들이는 것은 전혀 다르다.

묵상과 적용

1. 지금 기독교의 문제는 아는 것과 믿는 것이 다르다는 데 있다. 나는 어느 쪽에 더 가까운가?

2. 일반적으로 나는 성경을 많이 아는 편인가? 그렇다면 아는 것 중에서 얼마나 믿고 있다고 생각하는가?

3. 믿고 있는 것은 행함으로 나타나게 되어 있다. 행하지 않으면서도 믿고 있다고 생각하는 것이 있겠는가?

4. 성경말씀 중에서 스스로에게 가장 걸리는 구절 또는 문제는 무엇인가?

5. 행하지 않으면 알지도 못하고 믿을 수도 없다는 신앙생활의 경험이 있다면 이야기해보라.

99. 산 자의 하나님

'모든 사람'은 이 지상에 존재했던 모든 사람을 뜻한다. 인간의 영혼은 영원하다.

(눅 20:38) "하나님은 죽은 자의 하나님이 아니요 살아 있는 자의 하나님이시라 하나님에게는 모든 사람이 살았느니라 하시니"

하나님께는 모든 사람이 살아있다는 말씀은 놀라운 말씀이다. 부활이 있다는 증거이기도 하다. 과거에 존재했던 사람과 현재 존재하고 있는 사람과 미래에 존재하게 될 사람들이 하나님 앞에 살아있다는 말씀이다. 하나님께는 시제가 존재하지 않는다는 말과 같다. 그래서 우리는 살아계신 하나님이라고 하는 것이다.

우리의 과거의 죄에 대해 회개하고 믿기만 하면 하나님의 자녀가 되고 모든 죄가 흰 눈같이 사라진다는 말씀은 시간을 초월하시는 하나님께서 잊어버리신다는 말씀이 아니라 기억하지 않으신다는 말씀이다. 물론 죄를 완전히 지워버린 효과와 동일하다. 사람은 때때로 기억하겠지만 하나님은 아예 없던 일로 쳐주시는 것이다. 그러기에 하나님의 은혜가 더욱 큰 것이고 항상 감사하게 되는 것이다.

묵상과 적용

1. 하나님께서 살아계셔서 나를 지배하고 계신다는 증거를 가지고 있다면 이야기해보라.

2. 그렇다면 다른 성도들에게도 살아계신 하나님이다. 그들을 어떤 마음으로 대해야 하는가?

3. 그것은 하나님께서 우리의 영혼을 살피신다는 말이다. 나는 나의 영혼을 중심으로 신앙생활을 하고 있는가?

4. 하나님께 진심으로 회개해놓고도 자기 죄 때문에 괴로워한 적이 있는가? 그것은 하나님의 살아계심을 믿는 것인가?

5. 부활의 주님을 믿는다면 나는 왜 나의 부활을 믿지 못하는가? 하나님은 살아계시는가?

100. 영적 이해력

영적 능력이란 예언이나 환상이 아니라 만물을 영적으로 이해하는 능력이다.

(눅 20:44) "그런즉 다윗이 그리스도를 주라 칭하였으니 어찌 그의 자손이 되겠느냐 하시니라"

신앙의 세계는 영적인 세계이다. 이것을 정확하게 이해하지 못하면 세상적으로 기독교를 판단할 수밖에 없다. 그러면 거기에는 신앙이 존재할 수 없게 되는 것이다. 신앙이 사라진 기독교는 단지 종교일 뿐이다.

아무리 기독교가 진리라고 해도 신앙이 사라지면 그 진리를 결코 이해하지 못한다. 자유주의 신학은 바로 이것이 결여되어 있는 것이다. 학문적인 깊이는 자유주의가 더 크겠지만, 믿음의 눈이 아니라 이성의 눈, 하나님의 눈이 아니라 인간의 눈, 성령의 눈이 아니라 마귀의 눈으로 아무리 깊이 있게 연구해보라. 하나님께는 단 한 발자국도 다가갈 수 없다. 물론 그렇다고 덮어놓고 믿어야 한다는 말은 아니다. 하나님은 이성으로도 이해할 수 있게 세상을 만드셨기 때문이다.

묵상과 적용

1. 성경말씀 중에서 도저히 이해하기 어려운 부분이 있다면 어느 구절들인가?

2. 다윗이 자기 후손인 예수님을 그리스도로 칭한 것은 어떻게 이해해야 하겠는가?

3. 성경은 역설적인 부분이 아주 많이 있다. 죽으면 살리라, 낮추면 높아지리라 등의 말씀을 삶에서 체험한 적이 있었는가?

4. 그렇다면 현실적인 문제에 부딪쳤을 때 어떤 원리를 따라 해결하려고 해야 하겠는가?

5. 그러나 하나님은 이성을 주셨다. 나는 지나치게 이성적이거나 지나치게 영적인 것은 아닌가?

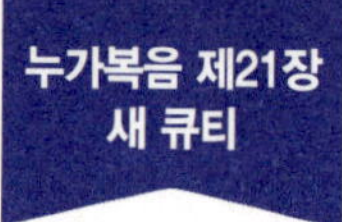

101. 인내의 결실

인내하지 못하는 영혼은 결코 하늘의 상급을 기대할 수 없다.

(눅 21:19) "너희의 인내로 너희 영혼을 얻으리라"

인내는 영혼을 살리고 상을 얻게 하는 좋은 통로이다. 인내는 믿음의 증거이고 행함이라는 결과로 나타내어지며 열매를 맺는 필수 조건이며 천국까지 가는 열쇠이다. 인내는 성령의 열매인 동시에 그리스도인의 능력이다. 예수님은 죽기까지 인내하셨다는 사실을 믿고 끝까지 인내해야 하겠다.

불행하게도 인내를 잃어버린 성도들이 너무 많다. 한국 사회의 분위기가 무슨 일에 대해서도 참지 않는 분위기이고, 편을 만들어서 다수의 힘으로 뜻을 관철시키는 일에 익숙해져버렸다. 교회는 하나님만 바라보아야 하는데 오히려 세상의 풍조를 쫓아가고 있다. 다소 억울한 일이 있어도 하나님께 맡기고 참고 기다릴 줄 알아야 신앙도 성장하고 교회도 성숙할 수 있는데 작은 일을 만나도 저항하거나 뛰쳐나가버린다. 신앙이 자랄 수가 없다.

묵상과 적용

1. 사소한 부분이라도 믿음 때문에 손해를 보거나 억울한 일을 당한 적이 있었는가?

2. 세상에서 불신자들과 부딪쳤을 때 스스로 얼마나 인내한다고 생각하는가?

3. 모든 삶에서 신앙 때문에 얼마만큼이나 인내해보았는가? 인내해서 승리한 경우를 말해보라.

4. 주님은 아무리 큰 박해를 받더라도 끝까지 어떻게 하라고 명하시는가? 결국 그 모든 것의 열매는 무엇이라고 하시는가?

5. 끝까지 인내해서 기도응답을 받은 경우가 있다면 말해보라. 아니면 앞으로 그럴 때 어디까지 인내하겠는가?

102. 염려의 위험성

생활의 염려의 진짜 염려는 생활의 염려로 인한 영적인 둔감함이다.

(눅 21:34) "너희는 스스로 조심하라 그렇지 않으면 방탕함과 술 취함과 생활의 염려로 마음이 둔하여지고 뜻밖에 그 날이 덫과 같이 너희에게 임하리라"

사람에게 심판이 임하는 것은 마음이 둔해지기 때문인데, 둔해지는 이유는 방탕함과 술 취함과 생활의 염려이다. 아무리 힘들어도 너무 생활을 염려하며 거기에 얽매이면 마음이 둔해질 수 있다. 아무리 목회가 어려워도 마음이 둔해질 정도로 생활염려를 하면 위험할 수 있다.

하지만 당장 생활비 해결이 되어야 하나님의 일을 힘 있게 할 수 있는데 그것마저도 해결되지 못한다면 힘을 잃을 수밖에 없다. 본인들은 굶을 수 있고 참을 수 있는데 자녀들에게 당장 들어가야 하는 비용들은 미룰 수도 없다. 그렇지만 그것을 견뎌내면 하나님은 기대하지 않은 열매를 주신다. 자식들에게 하나님은 특별한 은혜를 반드시 주신다. 할 수 있으면 참고 견디는 것이 좋다.

묵상과 적용

1. 지금 나에게 가장 염려가 되는 문제는 무엇인가?

2. 혹시 그 염려에 사로잡혀 본 적이 있었는가? 어떤 것을 느낄 수 있었는가?

3. 혹시 지금 취미나 운동 등 너무 즐거움을 추구하는 것은 아닌가? 그럴 때 나의 믿음은 어떻게 변화되는가?

4. 염려가 덮칠 때 그것을 해결할 수 있는 가장 효과적인 방법은 무엇이겠는가? (말씀 속에서)

5. 아무리 염려가 커도 결국 우리는 어디를 향하여 가고 있는가?

103. 666과 짐승표?

주의 재림 문제로 미혹되는 신앙인은 말씀에 확신이 없는 사람들이다.

(눅 21:35) "이 날은 온 지구상에 거하는 모든 사람에게 임하리라"

이단들이 아무리 미혹해도 마지막 날은 지구상의 모든 사람들이 다 볼 수 있게 임한다는 사실만 믿으면 흔들리지 않는다. 이단이든 삼단이든 걱정할 필요가 없어진다.

666이니 베리칩이니 걱정들을 하지만 때가 되면 거듭난 그리스도인들은 다 분별할 수 있다. 물론 분별해놓고도 받는 것이라면 할 수 없다. 왜냐하면 만약에 그럴 정도라면 모든 지구인들이 다 받아야 하는 것이니까. 그것을 받았다고 해서 덜 어렵고 안 받았다고 해서 더 어려운 것은 아니다.

우리는 하나님과 인격적인 관계를 맺고 있는 하나님의 자녀들이다. 진정한 하나님의 자녀라면 무엇을 그렇게 걱정하는가? 만약에 실수로 666표를 받았다고 하자. 성령께서 내주하신 백성인데 그렇다고 지옥으로 던져버리시겠는가?

묵상과 적용

1. 혹시 종말과 재림에 대한 이단들의 주장을 듣고 두려워한 적이 있었는가?

2. 왜 거의 모든 이단들은 꼭 종말이나 재림을 강조하겠는가?

3. 만약에 정말 666이 있어서 그것을 잘 모르는 채 받은 하나님의 자녀가 있다면 하나님은 그것 때문에 그를 버리시겠는가?

4. 예수님께서 어느 날 어느 장소에 임하신다거나 이미 어디에 임하셨다고 하는 말을 듣는다면 그것은 성경적인가?

5. 아무리 두려운 상황이 온다고 해도 우리 신앙인들이 할 일은 무엇인가? (본문 중에서)

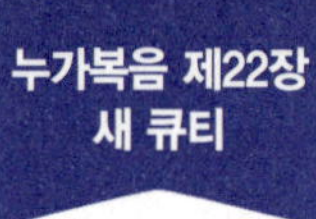

104. 섬기는 은인

세상에서는 지배를 당하면서도 그 지배자를 은인이라고 하지만 천국에서는 그런 구분이 없다.

> (눅 22:25-26) "예수께서 이르시되 이방인의 임금들은 그들을 주관하며 그 집권자들은 은인이라 칭함을 받으나 너희는 그렇지 않을지니 너희 중에 큰 자는 젊은 자와 같고 다스리는 자는 섬기는 자와 같을지니라"

집권자들이나 임금들은 은인이라 칭함을 받게 되지만, 기독교인들은 다스리는 자 같아도 섬기는 자이고 섬기는 자 같아도 다스리는 자이다. 이것이 진정한 기독교 질서이다. 천국에도 이런 질서가 세워져 있다.

그리스도인들에게는 다스림과 섬김이 별 의미가 없어야 한다. 너무 어려운 말 같지만 사실 이런 섬김의 문화가 만들어지면 특별히 어려울 것도 없다. 무엇인가 뛰어난 사람은 그렇지 못한 사람을 섬기라고 주신 것임을 생각할 줄 알면 된다.

묵상과 적용

1. 혹시 나누거나 섬기면서 그것을 베푸는 것이라고 생각한 적이 있는가? 그렇다면 그것은 진정한 섬김인가?

2. 교회에서 여러 가지 일을 감당하면서 자기 공로를 주장한다면 그는 세상 사람들과 어떻게 다른가?

3. 나는 주의 일을 감당할 때 주님의 말씀대로 겸손하게 교회와 사람을 섬기고 있는가?

4. 혹시 표창장이나 상장 같은 것들을 스스로 자랑스러워하고 사람들에게 자랑하는 편인가?

5. 교회 일을 감당할 때 앞으로 어떤 마음으로 형제들과 이웃들을 대해야 하겠는가?

105. 일상적인 시험

하나님의 은혜가 일상인 것처럼 사탄의 시험도 일상이다. 오히려 더 강하게 성도를 압박한다.

> (눅 22:44-46) "예수께서 힘쓰고 애써 더욱 간절히 기도하시니 땀이 땅에 떨어지는 핏방울 같이 되더라 기도 후에 일어나 제자들에게 가서 슬픔으로 인하여 잠든 것을 보시고 이르시되 어찌하여 자느냐 시험에 들지 않게 일어나 기도하라 하시니라"
>
> (눅 22:31) "시몬아, 시몬아, 보라 사탄이 너희를 밀 까부르듯 하려고 요구하였으나"

사탄이 제자들을 밀 까부르듯 하려고 요구하였으므로 시험에 들지 않게 깨어 기도하라는 뜻이 들어있다. 하지만 오늘날에는 사탄이 성도들을 밀 까부르듯 하려고 항상 기회를 엿보고 있다. 깨어 기도하고 하나님과의 친밀한 교제를 유지하지 않으면 시험에 들게 되어 있다. 만약에 사탄과 그 무리들이 우리를 시험할 기회를 찾는 데 혈안이 되어 있지 않다면 우리는 굳이 날마다 말씀을 먹고 기도할 필요가 없을 것이다.

묵상과 적용

1. 화가 나거나 슬플 때 그것을 어떻게 해결하고 있는가?

2. 감정이 몹시 상할 때 혹시 그것 때문에 모든 신앙이 시들해지고 시험에 들게 되지는 않는가?

3. 일시적인 감정을 넘어서 마음의 상태가 점점 더 악화된다면 그것은 무엇 때문인가? 그것은 마귀의 시험이 아닌가?

4. 시험이나 유혹이 온다고 생각될 때 가장 확실한 처방은 무엇이겠는가? 예수님은 어떻게 하셨는가?

5. 우리가 늘 말씀을 대하고 기도를 꾸준히 해야 하는 중요한 이유는 무엇인가?

106. 최후의 결단

신앙인들은 마지막 결단과 같은 순간들을 만나게 되어 있다. 이 때 하나님께 대한 전적인 신뢰가 필요하다.

(눅 22:70-71) "다 이르되 그러면 네가 하나님의 아들이냐 대답하시되 너희들이 내가 그라고 말하고 있느니라 그들이 이르되 어찌 더 증거를 요구하리요 우리가 친히 그 입에서 들었노라 하더라"

명확하게 자신이 그리스도이심을 밝히신다. 사실 이 말씀 때문에 사형이 확정되는 것인데 아예 못을 박아버리시는 것을 보면 이것이 마지막 순간임을 잘 알고 계시는 것이다. 우리도 분명히 우리 정체성을 밝혀야 할 때가 있을 것이다. 내가 그렇게 하지 않으면 안 되는 이유는 내가 예수님의 제자이기 때문이라는 점을 당당하게 밝힐 때가 올 것이다.

세월이 점점 악해지고 있다. 자기 믿음을 지키는 일이 점점 힘들어지게 될 것이다. 어쩌면 신박해시대가 올 수도 있기 때문이다. 그래서 제자의 삶을 회복해야 하는 것이다. 회개기도만으로는 이 시대를 이겨내기 힘들다. 참 자녀로서의 삶을 회복해야 한다.

묵상과 적용

1. 필요할 때 당당하게 크리스천임을 공개적으로 밝힐 준비가 되어 있는가?

2. 그렇다면 평소에 얼마만큼이나 그리스도인처럼 살고 있다고 스스로 생각하는가?

3. 더 나아가서 예수님은 구세주이시고 부활하신 하나님이심을 당당하게 밝힐 수 있는가?

4. 내가 예수님의 제자라는 사실을 당당하게 말할 수 있기 위해서 나에게 지금 부족한 부분은 무엇인가?

5. 마지막 시대의 그리스도인의 삶 가운데 나에게 가장 부족한 부분은 무엇이라고 생각하는가?

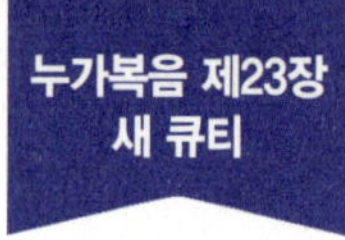

107. 때가 지나감

회개하고 구원받는 데에도 반드시 때가 있다. 구원은 항상 가장 시급한 법이다.

> (눅 23:8) "헤롯이 예수를 보고 매우 기뻐하니 이는 그의 소문을 들었으므로 보고자 한 지 오래였고 또한 무엇이나 이적 행하심을 볼까 바랐던 연고러라"

예수님은 헤롯 앞에서 얼마든지 병 고침과 같은 기적적인 역사를 보여주실 수 있었을 것이다. 하지만 그렇게 하지 않으신 것은 이미 회개할 때가 지나갔기 때문이다. 기독교인의 회개도 때가 지나가기 전에 빨리 이루어져야 한다.

아무리 큰 능력을 보여주어도 회개하지 않을 사람은 돌이키지 못한다. 그런 사람에게 하나님의 역사를 기대하는 것은 어쩌면 어리석은 일일 수도 있다. 하나님의 기적을 광대의 마술쯤으로 생각하는 사람에게 구원을 기대할 수 없다. 지금 예수님께는 이적 행하심보다 죽음을 그대로 당하시는 것이 훨씬 큰 기적이 될 것이다.

묵상과 적용

1. 나는 기독교 신앙이란 실질적으로 내가 잘 되고 복을 받기 위해서 믿는 것이라고 생각하는가?

2. 그렇다면 다른 종교에서 믿음을 가지는 이유와 무엇이 어떻게 다르겠는가? 다른 종교도 복 받기 위해서 믿는다.

3. 혹시 무슨 일에든지 실패했을 때 하나님께서 그렇게 하셨다고 믿고 있는가? 하나님의 섭리는 아니었을까?

4. 세상적인 의미에서의 실패와 좌절이 오히려 하나님의 복으로 돌아온 경우가 있었는가?

5. 하나님의 응답과 역사의 때를 놓친 적이 있었다고 생각된다면 어떤 때였는가?

108. 죄인의식

죄수는 수많은 핑계를 대는 사람들이지만 죄인의식을 가진 죄수는 천국에 갈 수 있다.

(눅 23:41) "우리는 우리가 행한 일에 상당한 보응을 받는 것이니 이에 당연하거니와 이 사람이 행한 것은 옳지 않은 것이 없느니라 하고"

죄수가 천국에 더 가깝다. 그 반대도 많지만 죄수가 되면 자기 위치와 저지른 죄, 영적 실체를 알게 될 가능성이 높다. 물론 스스로 돌이키며 죄인의식이 있어야 신앙에서 승리할 수 있다. 그래야 자기를 낮출 수 있기 때문이다.

예수님과 가까이 지내던 죄인들은 어떤 사람들이었을까? 이들에게는 내면적으로 죄인의식이 분명히 있었을 것이다. 그러므로 비록 성전에서 제사를 드릴 수 없는 신분이거나 그런 신앙생활의 외곽에 있는 사람일지라도 예수님을 따르고 만날 수 있었던 것이다. 실로 높은 사람이든 낮은 사람이든 겸손한 사람들에게 하나님은 사랑을 베풀어주신다.

묵상과 적용

1. 나는 어떤 일에 부딪쳤을 때 얼마나 죄의식을 가지게 되는 편인가?

2. 그러면 말씀 앞에서 그리스도인으로서 느낄 수 있는 죄인의식은 어느 정도나 느끼고 있는가?

3. 그리스도인에게 있어서 죄인의식은 왜 필요하겠는가?

4. 죄의식과 죄인의식은 어떤 차이가 있다고 생각되는가?

5. 죄인의식이 필요한 이유는 하나님과 사람 앞에 겸손해지기 위해서이다. 나는 얼마나 겸손한 사람인가?

109. 고백이 아니라 믿음이다.

우편 강도는 입술의 고백만으로 구원받게 되었다. 하지만 주님은 그의 믿음을 아시기 때문에 허락하신 것이다.

(눅 23:42-43) "이르되 예수여 당신의 나라에 임하실 때에 나를 기억하소서 하니 예수께서 이르시되 내가 진실로 네게 이르노니 오늘 네가 나와 함께 낙원에 있으리라 하시니라"

우편 강도의 구원을 보면 믿음만으로 구원받는다는 말이 맞는 것 같다. 우리는 우편 강도가 어떤 믿음을 가졌는지 그 속을 알 수가 없다. 그러나 예수님은 그의 믿음을 잘 알고 계신다. 만약에 그 강도가 죽지 않고 살 수 있었다면 충분히 행동으로 자기 믿음을 확증할 수 있는 믿음이라는 것을. 그의 믿음이 진실한 믿음이라는 것을 아시는 예수님께서 그를 구원해주신 것이다.

물론 그의 말을 통해서 그의 믿음을 엿볼 수 있다. "이 사람은 행한 것이 옳지 않은 것이 없습니다. 주의 나라에 임하실 때에 저를 기억하소서." 그에게는 구원 얻을 만한 믿음이 있었다. 고백은 믿음의 결과인 것이다.

묵상과 적용

1. 죽기 직전에 신앙고백을 시키고 아멘 하게 하는 것은 구원의 표지일 수 있을까? 하나님만 아실 것이다.

2. 이 죄수의 믿음처럼 나의 믿음은 죽음 앞에서 진지하게 고백할 수 있는 믿음인가?

3. 구원은 하나님의 절대 주권이다. 교회에 다닌다고 모든 성도가 구원받은 것일까?

4. 이 죄수의 믿음을 인정하신 것처럼 나의 믿음은 주께서 인정하시는 믿음이겠는가?

5. 하나님은 언제나 우리의 마음을 요구하신다. 나는 얼마나 마음을 다해 신앙생활을 하고 있는가?

110. 진리의 발견

발견이란 원래 있는 것을 깨닫는 것이다. 그리스도인들에게는 발견해야 할 진리로 가득 차 있다.

(눅 24:31) "그들의 눈이 밝아져 그인 줄 알아보더니 예수는 그들에게 보이지 아니하시는지라"

눈이 밝아지니 부활하신 예수님을 알아볼 수 있었다. 내 눈도 자주 밝아져 삶 속의 예수님을 발견해야 하겠다. 특히 말씀 속에서 매일같이 예수님을 발견할 수 있어야 한다. 예수님이 다른 데 계시다가 나타나시는 것이 아니다. 예수님은 늘 우리와 함께 계신다. 다만 우리가 예수님을 발견해야 하는 것이다.

예수님을 발견하려면 심령이 가난해져야 할 것이다. 예수님을 발견하려면 자기 죄로 인해 애통하는 마음이 있어야 하고 오래 참을 수 있는 온유가 있어야 하고 하나님의 의를 찾는 굶주림과 목마름이 있어야 할 것이다. 그만큼 내가 비워져서 맑아져야 주님을 볼 수 있는 것이다.

묵상과 적용

1. 문득 하나님께서 내 곁에 계신다는 사실을 느낀 적이 얼마나 있었는가?

2. 혹시 어떤 사람을 대하고 나서 바로 주님이시라는 생각이 들었던 적이 있었는가?

3. 말씀을 읽거나 묵상하다가 하나님의 존재를 느낀 적은 얼마나 있었는가?

4. 하나님과의 관계가 완전히 끊어져버린 것과 같은 느낌을 가진 적은 없었는가?

5. 물론 하나님은 성령님으로 우리 가운데 계신다. 그런데도 하나님을 자주 느끼지 못하는 이유는 무엇이겠는가?

111. 우리끼리 가야 한다.

우리를 만나주신 후에는 예수님은 사라지시고 우리들끼리 가야 한다.

(눅 24:31) "그들의 눈이 밝아져 그인 줄 알아보더니 예수는 그들에게 보이지 아니하시는지라"

눈이 밝아져 예수님을 보게 된 순간 예수님은 사라지고 제자들은 가던 길을 돌이켜 기다리라던 곳으로 향하게 된다. 예수님을 만날 때에는 예수님께서 만나 주셔야 하지만 그 후에는 예수님 없이 가야 한다. 신앙인은 한 번 받은 사명을 자기 마음이나 환경에 따라 쉽게 거두면 안 된다. 한 번 받은 사명은 끝까지 감당해야 한다. 그래야 하나님께서 우리를 믿고 일하실 수 있기 때문이다.

물론 주님은 우리와 함께 하신다. 하지만 항상 함께 일하시는 것은 아니다. 우리끼리 해야 할 때가 훨씬 많다. 왜냐하면 필요할 때에는 얼마든지 달려오실 것이기 때문이다. 다만 성도는 그 사실을 믿어야 한다. 예수님은 사라지시는 것이 아니다. 마가의 다락방에 다시 나타나셨다. 우리가 떠나지 않는 한 주님은 완벽한 우리 편이시다.

묵상과 적용

1. 나는 하나님의 일을 하다가 낙심하여 중단해버린 일이 얼마나 있었는가?

2. 주의 일을 포기하고 중단한 큰 이유는 무엇이었는가?

3. 대개 주의 일은 특별한 계시로 나타나지 않는다. 오늘날에는 어떻게 주의 뜻을 알 수 있는가?

4. 하나님이 동행하지 않으시는 것처럼 느껴질 때에 하나님은 어디에 계시겠는가?

5. 내가 주의 일을 감당할 때에 나에게 가장 필요로 하는 것은 무엇이어야 하겠는가? 하나님은 항상 함께 계신다.